Über dieses Buch

So wie wir heute, im Zeitalter der Raumfahrt, das Weltall erobern – dem ersten Schritt auf den Mond werden in naher Zukunft weitere Landungen auf fremden Planeten folgen –, so sind vor Tausenden von Jahren unsere außerirdischen Vorfahren auf der Erde gelandet. Diese erregende These entwickelt Charroux in seinem Buch. Von Forschern aus aller Welt wird die frühe Geschichte der Menschheit lebhaft diskutiert.
Mit seinen Ausführungen zwingt uns Charroux, unser überkommenes Weltbild neu zu durchdenken.
Haben die Phönizier, Assyrer und Babylonier, die Inkas und Mayas vor 5000 Jahren über mehr Kenntnisse verfügt als die moderne Wissenschaft? Ihre Überlieferungen künden von fliegenden Schlangen, ihre Darstellungen zeigen Menschen beim Zünden von Motoren und Raketen.
Dieses Buch zeigt Ihnen, daß unsere Vergangenheit nicht minder faszinierend und phantastisch war, als es unsere Zukunft sein wird.

Vollständige Taschenbuchausgabe
Droemersche Verlagsanstalt Th. Knaur Nachf.
München/Zürich
Lizenzausgabe mit freundlicher Genehmigung des
Econ Verlags GmbH, Düsseldorf

Aus dem Französischen übertragen von Elisabeth Schwarz
Titel der bei Robert Laffont, Paris, erschienenen Originalausgabe
LE LIVRE DES MAITRES DU MONDE
Umschlaggestaltung Atelier Blaumeiser
Gesamtherstellung Ebner, Ulm
Printed in Germany
ISBN 3-426-00341-4

1.–20. Tausend Januar 1974
21.–30. Tausend Mai 1974

Robert Charroux:

Die Meister der Welt

Auf den Spuren unserer außerirdischen Vorfahren

Droemer Knaur

»Seit unserer frühesten Jugend sind wir daran gewöhnt, verfälschte Berichte zu hören, und unser Geist ist seit Jahrhunderten so sehr von Vorurteilen durchtränkt, daß er die phantastischen Lügen wie einen Schatz hütet – so daß uns schließlich die Wahrheit unglaubwürdig und die Fälschung wahr erscheint.«

Sanchuniathon, vor 4000 Jahren

Inhalt

Als die Götter auf die Erde kamen

Ratlos steht der Mensch all dem Phantastischen gegenüber, das sich zu seiner Zeit begibt. Er weigert sich auch, darüber nachzudenken, obwohl sich logische Schlüsse aufdrängen. Ebenso gleichgültig läßt ihn die Frage nach seiner Vergangenheit: Es ist schließlich so bequem, das einmal erworbene Schulwissen als ausreichend zu betrachten.

Doch die Wahrheit von morgen wird uns alle aufrütteln: Dem ersten Schritt auf dem Mond werden weitere Schritte auf anderen Planeten folgen. Und wenn die Erdenmenschen auf der Venus, dem Mars oder einem noch weiter entfernten Planeten landen, werden sie dort vielleicht eine Menschheit finden, in deren Augen sie »Götter« sind.

Was in naher Zukunft wahrscheinlich geschehen wird, ist mit Sicherheit von unseren Ahnen vor einigen Jahrtausenden bereits erlebt worden. Besitzen wir nicht zahllose Beweise dafür, daß einst außerirdische Wesen auf unsere Erde kamen, die man Götter, Engel, höhere Intelligenzen oder Dämonen nannte?

Wir Menschen des 20. Jahrhunderts sind viel zu nüchtern, als daß wir an Erzählungen glauben könnten, in denen sich Götter in das tägliche Leben einmischen, Engel unsere Ahnen die Metallbearbeitung oder die Bodenbebauung lehren und die hübschen Erdentöchter verführen. Auch die Wolken und Himmelswagen, mit denen ätherische und unsterbliche Geschöpfe reisen, können vor unserer vernunftbetonten Denkweise nicht standhalten.

Unsere Erfahrungen, der heutige Stand der Technik und unser rationales Weltbild zwingen uns, die alten Berichte zu entmythologisieren, die Fabelwesen zu identifizieren. Das sieht dann so aus: Ein Wesen, das aus dem Weltall kommt, ist ein Astronaut. Ein Gegenstand, der sich aus eigener Kraft in der Luft fortbewegt, ist ein Flugzeug. Die »Offenbarung« von Geheimnissen ist nichts anderes als eine Wissensübertragung von Mensch zu Mensch. So sieht die Wahrheit des 20. Jahrhunderts aus, und auch in längst vergangenen Zeiten hat sie so ausgesehen, ehe sie aus politischen oder religiösen Gründen in ein Gespinst von Legenden und Lügen verpackt und damit nicht mehr erkennbar wurde.

Von dieser Erkenntnis ausgehend, erscheinen die Ereignisse plötzlich in ihrer wahren Dimension: Astronauten sind von einem anderen Planeten gekommen; die damalige Menschheit betrachtete sie als Götter, weil sie mit ihrem Wissen und ihrer Macht die Welt

beherrschten. Unter Welt verstehe ich unseren Planeten, doch ist nicht ausgeschlossen, daß ihr Einfluß weit darüber hinausreichte. Sie haben allen Kulturen der Erde in den gleichen Zeiträumen ihren Stempel aufgedrückt. So findet man zum Beispiel für alle Sprachen eine gemeinsame Wurzel im Sanskrit. Ebenso tauchten plötzlich auf der ganzen Welt die gleichen Symbole auf: die geflügelte Schlange oder der Drache als Zeichen des Raumfahrzeuges; das Pferd steht für die außerirdischen Besucher vor der Sintflut und der Stier für jene, die nachher kamen, und für den Planeten ihrer Herkunft: die Venus.
Die ersten »Götter« (in der Bibel werden sie »Engel« genannt) kamen vor mehr als 12 000 Jahren auf die Erde. Sie spalteten sich in zwei feindliche Blöcke, Atlantis und Mu. Sie waren die von den Hebräern erwähnten *nephilim,* was soviel heißt wie riesig, glänzend, wundertätig. Die Rivalität der beiden Blöcke artete in einen Atomkrieg aus und führte zur Vernichtung der Menschheit durch die Sintflut.
Dann begann ein neuer Zyklus, wiederum gekennzeichnet durch das Eingreifen erdfremder Wesen. Vor 5000 Jahren trat die Venus in unser Planetensystem ein, und wieder erschienen »Götter« in den zivilisierten Ländern. Die bekanntesten waren Viracocha in Peru, Quetzalcoatl in Mexiko, Baal in Kleinasien. Sie alle wurden mit dem Planeten Venus identifiziert, sie alle waren auf einer fliegenden Schlange gekommen, und sie alle trugen das Zeichen des Stiers. Zu dieser Zeit entfalteten sich – wie in Ägypten und Indien einige Jahrtausende zuvor – fünf bedeutende Kulturen: bei den Phöniziern, Assyrern, Babyloniern, Inkas und Mayas.
Kann man sich angesichts dieser Tatsache der Wahrheit verschließen? Die »Neuankömmlinge«, wie sie später von den Propheten genannt wurden, waren allmächtig durch ihre wissenschaftlichen Kenntnisse, ihre Flugzeuge und ihre Waffen, unter denen sich wahrscheinlich auch Atomwaffen befanden, da sie Sodom, Gomorrha und andere Städte vernichteten. Hebräer, Inder, Griechen sprachen von ihren Nebeln, ihren fliegenden Wagen. Ezechiel hat sie beschrieben, wenn er berichtet, daß er »sechs Männer, von denen jeder ein todbringendes Gerät trug«, sah, die Jerusalem unterwarfen, das doch etliche Tausende Einwohner und bewaffnete Soldaten zählte.
Die »Götter« bestraften, belohnten und lehrten die Menschen. Sie konnten sich nach Wunsch in der Luft fortbewegen und prägten die Völker, denen sie ihren Willen mitteilten. Sie waren unzweifelhaft die Beherrscher und Lehrmeister der Menschheit und wurden erst

lange nach ihrem Verschwinden – Abreise oder Tod – zu Göttern oder Dämonen, je nachdem, ob die Menschen ihnen eine gerechte Verehrung zuteil werden ließen oder aber ihre Spuren zugunsten eines absoluteren Herrn – Gott – verwischen wollten.
Ihre Geschichte ist es, die ich rekonstruieren möchte. Sie haben uns Denkmale hinterlassen, den Weltenlauf beeinflußt, und ihr Kommen wird in zahlreichen Aufzeichnungen, Tafeln und Büchern bezeugt. Es sollte endlich jeder begreifen, daß unsere Vergangenheit mindestens ebenso aufregend und phantastisch war, wie sich unsere Zukunft ankündigt.

1 Die Verschwörung gegen die Wahrheit

Unsere Geschichte wird seit Jahrtausenden verfälscht, seit die Ägypter die von ihren Ahnen überlieferten Wahrheiten vergaßen oder vergessen wollten und sich als die ersten Menschen und ersten Kulturträger unseres Planeten ausgaben. Die Griechen versäumten es dann, ihre Quellen zu zitieren, ihren keltischen und ägyptischen Lehrmeistern die gebührende Ehre zu erweisen.
Dann kamen die Hebräer, und alles, was vor ihnen war, wurde mit der wirksamen Unterstützung strenger Dogmen religiösen Charakters ausgelöscht. Neue Mythen und Religionen mußten dafür herhalten, die Massen zu hypnotisieren und von den ursprünglichen Wahrheiten abzuwenden.
Zwei Milliarden Menschen haben heute eine geistige und psychische Bildung, die eine Verbildung nach biblischem Vorbild darstellt. Sie halten viel auf ihre freie Meinung bei Themen, wie Wissenschaft, Handel oder Industrie; doch sie legen sich unweigerlich Scheuklappen an, wenn es um die Entstehung der Welt, um Urgeschichte, um Geschichte ganz allgemein und um Religion geht.

Das Tabu beginnt beim Wort

Das Wort »Engel« auszusprechen war so gefährlich, daß die Rabbiner es aus dem Ritus verbannten und die Christen beim Konzil von Laodicea im Jahre 366 das Verbot erließen, »die Engel bei ihrem Namen zu nennen«.
Seit 2000 Jahren gibt es noch ein anderes Wort, das die Historiker schreckt, wenn sie die phönizische und assyrisch-babylonische Geschichte aufrollen; es ist der Name des glänzendsten Planeten am Sternenhimmel: Venus. Die Verfasser und Exegeten der Bibel vermeiden ihn mit derselben Sorgfalt. Warum? Weil dieses Wort zu sehr mit den »Engeln« verknüpft ist und den Schlüssel für die Entstehung der Menschheit, für die wahre Genesis darstellt.
Jene Wesen, die vor 5000 Jahren von der Menschheit als Götter verehrt wurden, waren Fremdlinge aus dem All. Sie waren sterblich; sie waren die Zivilisatoren unserer Ahnen, wie ich es in diesem Buch beweisen werde. Diese Behauptung steht freilich in krassem Gegensatz zu der Geschichte, wie sie uns von der ersten Schulklasse an eingetrichtert wird.
Daß die Venus die Heimat der »Götter« war, erklärt sich aus der

Tatsache, daß sich dieser besonders glänzende Stern vor 5000 Jahren zwischen Erde und Merkur in unser Sonnensystem schob. Vorher war er nicht Teil unseres sichtbaren Universums.
Die Geschichte Kleinasiens wird von Venus regiert, mit der die wichtigsten Götter identifiziert werden: Baal, Astarte, Istar, Marduk, Bel, Assur. Die drei Kulturen des amerikanischen Kontinents – Flachland im Norden, Peru, Mexiko-Yucatán – stehen unter demselben Zeichen. Ihre Götter sind: Morgenstern oder »Großer Stern«, Orejona, Viracocha, Quetzalcoatl und Kukulkan.
Man kann also feststellen, daß alle Kulturen der Erde nach dem Jahr 3000 vor unserer Zeitrechnung die Zeichen der Venus trugen. Sie wurden von Zivilisatoren oder zu Göttern erhobenen Menschen besucht, von denen zu Recht oder zu Unrecht behauptet wird, daß sie auf Flugkörpern von der Venus auf unsere Erde kamen.
Später wurde der Menschheit der Sonnenmythos eingeimpft, damit sie nicht auf die Idee käme, die »Engel« könnten Menschen gewesen sein. Gleichzeitig wurde dadurch das Wissen um die Raumfahrt in früherer Zeit und um hochstehende versunkene Kulturen ausgeschaltet: Diese Wahrheiten hätten nämlich das Lügengerüst der ägyptischen, griechischen, hebräischen und christlichen Verschwörer zum Einsturz gebracht, die alles daransetzten, ihre geistige Vorherrschaft über die anderen Völker zu untermauern.
Bis zum heutigen Tage konnte die Psychose nicht ausgerottet werden: Die Schulbücher, Mythologien und Lexika verschweigen systematisch die Wahrheit.

Denn wir leben in Asien

Es ist interessant zu untersuchen, woher der Kontinent Europa seinen Namen hat. Man entdeckt nämlich dabei, daß die geographischen Gegebenheiten der Etymologie widersprechen.
Das Wort »Europa« soll vom hebräischen *oreb* oder *ereb* = Abend, Sonnenuntergang, oder vom griechischen *europê* = der dunkle Ort, abgeleitet worden sein. Die Bezeichnung würde also nur aus der Sicht der Länder des Orients stimmen, nicht aber für Amerika, da wir von dort aus in Richtung Sonnenaufgang liegen.
Moses nannte Europa »die Insel der Nationen«, und die alten Schriftsteller bezeichneten es als *Japetia*. Dieser Name scheint zum erstenmal in einer homerischen Hymne an Apollo auf, in der das Europa des Sonnenuntergangs den griechischen Inseln und dem Peloponnes gegenübergestellt wird.

Wie dem auch sei, die Etymologie des Wortes Asien verdient in noch viel größerem Maße unser Interesse. »Asien« soll vom phönizischen *asir* stammen, was »zentral« bedeutet und vom skandinavischen Wort *ase* = Gott abgeleitet wurde. Diese Wurzel kann als sicher angesehen werden, da die Phönizier von den Pelasgern, den »Ahnen von den nördlichen Meeren«, abstammten, deren Götter Asen genannt wurden. Ein weiterer Beweis für die Richtigkeit dieser Etymologie kann darin gesehen werden, daß die phönizischen, phrygischen und assyrisch-babylonischen Völker ihren Göttern und Göttinnen Namen gaben, in denen die keltisch-skandinavische Wurzel enthalten ist: *As*tarte, *As*taroth, *As*modi, *As*cherah.
Wenn die Ägypter von Osiris sprechen, nennen sie phonetisch den Gott Asar. Außerdem ist dies auch der Name (Asari) des höchsten Gottes der Babylonier: Marduk. In diesem Zusammenhang sei auch erwähnt, daß im Buch Henoch der Engel-Astronaut, der den Menschen sein Wissen vermittelte, Azazel heißt.
Richtigerweise müßte also ganz Europa, von Gallien bis zum Kaukasus, Asien heißen.
Nach Strabo und Ptolemäus wohnte das Volk der Asen am Fuß des Kaukasus, in der Gegend des *As*owschen Meeres und um *As*trachan: Dies war die erste Heimat der Weißen, nachdem sie nach der Sintflut vom Iranischen Hochland herabgestiegen waren. Das Volk der Asen hat also mit den jetzigen Asiaten nichts gemein.
In den alten skandinavischen Dichtungen und in der Mythologie des Abendlandes ist das geweihte Land, in dem die Götter wohnen, Asgard oder Asaland.

Die alten Götter

Aus religiösen Gründen mußten die Hebräer die alten Götter ihrer Ahnen verteufeln, wollten sie doch den alleinigen Gott inthronisieren. Da die älteste Kultur der Weißen jene der Kelten war, wurden deren Götter besonders heftig bekämpft. Diese hießen Cernunos, Esus, Teutates, Thor. Doch zur Zeit der Verfolgung war Feind Nummer 1 der phönizische Baal, Venusgott und Herr des Nordens in einer Person. Er hatte seinen Namen zu Ehren der alten keltischen Götter Bêl, Belin, Belenus, Belinus und – nicht zu vergessen – der »flammengleichen« Göttin Belisama erhalten.
Feind Nummer 2 war selbstverständlich Astarte (der Planet Venus selbst), die zu Ehren der Asen so genannt wurde. Diese sind wahrscheinlich vom Himmel gekommen, denn das Wort ist mit *astrum*

= der Stern verwandt. Astrum war in der Antike kein gewöhnlicher Stern, sondern immer die Venus.
Zur Zeit, als Moses sie bekehren wollte, verehrten also die Hebräer Baal und Belenus, die Götter ihrer Ahnen. Dies wird übrigens auch vom Propheten Hosea im Alten Testament beklagt, denn der Herr beschuldigt die Frauen der Hebräer des Ehebruchs.

»Streitet mit eurer Mutter,
Ja, streitet –
Daß von sich sie entferne
Die Zeichen der Buhlschaft,
Des Ehebruchs Zeichen
Inmitten der Brust.« (Hosea II-4)

»Rächen will ich
Die Tage an ihr,
Da sie den Baalen geopfert ...
An jenem Tage geschieht's –
Daß ihren Mann sie dann anruft
Und nicht mehr die Baale.« (Hosea II-18)

Von den Männern sagt der Herr:
»Auf den Gipfeln der Berge,
Da schlachten sie,
Bringen Opfer dar auf den Höhen
Unter Eichen und Pappeln
Sowie Terebinthen ...« (Hosea IV-13)

Unter Eichen Opfer bringen – wie die Kelten und ihre Druiden; und so soll es auch verstanden werden.
Da wird auch plötzlich ganz klar, warum unsere Dämonen und Teufel Namen haben, die mit As, Az, Bal oder Bel beginnen: Azazel, der geheimnisvolle Dämon, dem die Hebräer einen Sühnbock opferten; Astarte, Astaroth, die nach Menschenopfern verlangten; Asima, als Esel oder Bock dargestellt; Baal, der mit dem kinderfressenden Moloch identifiziert wurde; Belial, der Dämon der Päderastie, Belphegor, der phallische Gott, Beelzebub, der Fürst der Dämonen, Baaltis, der weibliche Dämon der verbotenen Liebe und der Prostitution. Bei dieser großen Zahl ist es natürlich schwierig, glauben zu machen, daß alle die geschmähten Götter unschuldige Opfer waren. Schuld an der Verfälschung waren nicht die Hebräer, sondern eine Verschwörung von Eingeweihten, an der Moses und der Pharao Echnaton beteiligt waren: Sie leiteten die Operation »einziger Gott«.

Die erste Zeile der Bibel (Gen., Kap. I, Vers 1) ist wohl die bekannteste; sie bildet auch das unumstößlichste Dogma: »Am Anfang schuf Gott den Himmel und die Erde.«
Die grundlegende Wahrheit lautet demnach: Gott ist der Schöpfer eines Universums, das einmal seinen Anfang nahm. Diese Feststellung mag klar und vernünftig klingen, und dennoch liegt bereits beim ersten Satz des heiligen Buches ein bedauerlicher Irrtum oder ein Übersetzungsfehler vor.
Der Bibelforscher J. M. Vaschalde schreibt diesen Irrtum dem »Gott-Komplex« zu, von dem bis zum heutigen Tage alle Übersetzer der Bibel befallen waren. Ich möchte seine Version den Exegeten zur Stellungnahme vorlegen.

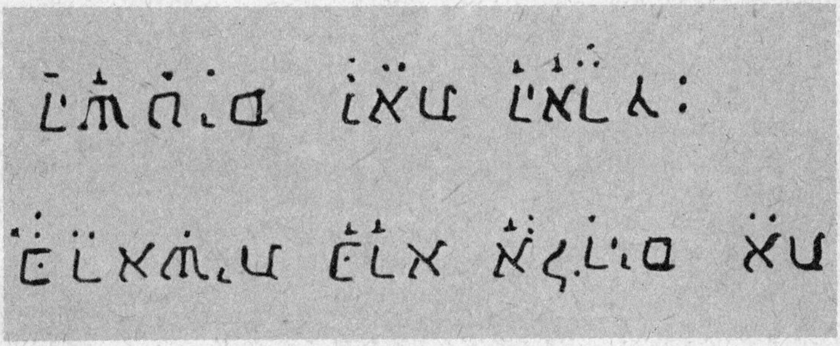

Üblicherweise wird dieser erste Satz der Bibel mit »am Anfang schuf Gott den Himmel und die Erde« übersetzt. Nun ist aber »am Anfang« im Hebräischen ein zusammengesetztes Wort, das zwei Bedeutungen haben kann (wie dies oft beim ersten Wort von verschlüsselten Texten der Fall ist). Wenn man es zerlegt, erhält man eine Vorsilbe und das Substantiv mit der Bedeutung »Anfang«. Aber die Vorsilbe kann »in« oder »mit« heißen, was verschiedene Übersetzungen zuläßt: »in den Zeiten des Anfangs« (übliche Übersetzung) oder »mit dem, was von früher übrig war«.
Das dritte Wort, »Elohim«, wird mit »Gott« übersetzt. Ist es nicht merkwürdig, daß ein monotheistisches Volk ein Mehrzahlwort, nämlich ELOHIM, gebraucht, während alle anderen Bezeichnungen des Gottes in der Einzahl stehen? Als würde es sich im gegenständlichen Fall nicht um Gott handeln, sondern um das, was man »göttliche Wesen« nennen könnte.

Dazu ist auch noch zu sagen, daß die Elohim Welterbauer, arbeitende, schöpferische Götter sind, während der zornige und rächende Gott stets den Namen IHWH trägt. Diesen sprechen die Juden nie aus; in den meisten »thoroth« ist er nicht aramäisch, sondern phönizisch geschrieben, so sehr war der Name von Schrecken begleitet.
Setzen wir also den ersten Vers der Bibel nach der zweiten, grammatikalisch möglichen Übersetzung zusammen:
»Mit dem, was übriggeblieben war (nach der Katastrophe?), schufen Wesen vom Himmel den Himmel und die Erde (neu).«
Ändert das nicht gleich alles?
Die Genesis (I, 1) würde über eine nur wenige Jahrtausende zurückliegende Phase der Wiedererschaffung der Welt durch himmlische oder vom Himmel gekommene Wesen (die Elohim), die man nicht mit Gott (IHWH) verwechseln darf, berichten. Diese Wiedererschaffung geschah wahrscheinlich nach einer Katastrophe, da sie »mit dem, was übriggeblieben war«, vorgenommen wurde, das heißt mit den Überresten einer früheren, zerstörten Welt.
Im nächsten Vers heißt es wörtlich: »Der Luftstrahl der göttlichen Wesen bewegte die Gewässer«, was gewöhnlich mit »und der Geist Gottes schwebte über den Gewässern« übersetzt wird (wer kann sich wirklich darunter etwas vorstellen?). J. M. Vaschalde glaubt darin eine deutliche Anspielung auf »den Strahl der Düsentriebwerke der intergalaktischen Fahrzeuge, die von den Elohim benützt wurden«, zu sehen.
Ich lege es keineswegs darauf an, den heute so viel diskutierten fliegenden Untertassen Kredit zu verschaffen. Doch alle Mythologien und heiligen Texte führen uns unweigerlich zum Studium jener Apparate, die den Engeln und Göttern als »Nebel«, »Wagen«, »geflügelte Scheiben«, mit einem Wort als Luftfahrzeuge dienten.

Die Erde durfte keine Kugel sein

Auch heute noch versichern Historiker mit dem Brustton der Überzeugung, daß Christoph Kolumbus *dem Wissen seiner Zeit voraus war* und im Jahre 1492 wußte, daß die Erde eine Kugel ist. Ebenso bedauert jener den unglücklichen Galilei, der öffentlich erklären mußte, daß sich die Erde nicht dreht. Dabei sieht die historische Wahrheit ganz anders aus.
Im 15. Jahrhundert wußten alle gebildeten Leute unter allen Brei-

tengraden, daß der Planet Erde rund ist: nicht nur Christoph Kolumbus, auch die spanische Königin und der gesamte Hof! Und zur Zeit des Galilei war es eine bekannte Tatsache, daß sich die Sonne um die Erde dreht. Man wußte es sogar schon seit 2000 bis 3000 Jahren, aber man verschwieg es.

Der griechische Historiker Musäos, der etwa um 1400 v. Chr. gelebt hat (vor 33 Jahrhunderten also), war der Autor eines Traktats, der uns leider nicht erhalten geblieben ist, von dem wir aber den Titel kennen: *Die Sphäre*. Als Hoherpriester der Eleusinischen Mysterien war Musäos in viele Geheimnisse eingeweiht. Er hätte wohl kaum eine Abhandlung über die Sphäre geschrieben, ohne überzeugt zu sein, daß die Erde rund ist.

Drei Jahrhunderte vor unserer Zeitrechnung lebte der griechische Dichter Aratos, der Verfasser des astronomischen Gedichtes »Phaenomena«. In diesem beschreibt er sphärische Körper genügend präzise, um keinen Zweifel an der Rundheit der Erde und über die universelle Gravitation zu lassen. Aratos war kein Unbekannter, sondern ganz im Gegenteil eine berühmte Persönlichkeit. Er lebte am Hofe des ägyptischen Königs Ptolemäos Philadelphos, der die hebräische Bibel ins Griechische übersetzen ließ (die Septuaginta). Aratos wurde von Eratosthenes, Hipparch, Cicero, Cäsar, Ovid und anderen kommentiert und übersetzt.

Doch schon Jahrhunderte vorher hatten die Inder, Mexikaner und Inkas bewiesen, daß sie über hervorragende astronomische Kenntnisse verfügten; und zweihundert Jahre vor Aratos hatten die Philosophen Pythagoras und Plato gelehrt, daß die Erde rund wie eine Kugel ist und sich dreht.

Der arabische Schriftsteller Maçoudi schrieb im 10. Jahrhundert in seinem Buch *Les Prairies d'Or* (Die goldenen Prärien):

»Der sphärische Körper vollzieht seine Umdrehung um zwei Zapfen oder Pole, die man mit den Bolzen des Drehers vergleichen kann, der Kugeln, Teller und andere Gegenstände aus Holz herstellt ...«

Im Jahre 1000 bewies der wissenschaftlich gebildetste Papst der Christenheit, Sylvester II. (in Cahors geboren und Gerbert genannt), in einem Experiment mit drei Kugeln, daß die Erde rund ist und sich um die Sonne dreht. Und dennoch wurden selbst Kopernikus, Tycho Brahe und Kepler noch angefeindet, obwohl längst bekannt war, daß die von ihnen aufgedeckten Gesetzmäßigkeiten auf wissenschaftlichen Tatsachen beruhten.

Ist es möglich, daß gerade die Prälaten, die Christoph Kolumbus und Galilei verurteilten, vollkommen unwissend waren? Unzweifelhaft verfügte die gebildete Schicht über die grundlegenden Kenntnisse der Kosmographie, aber jahrhundertelang hat die ganze Welt geschwiegen; und dieses Schweigen wirkte so überzeugend, daß es tatsächlich so aussah, als wüßte niemand etwas, als wären alle von der Richtigkeit ihrer falschen Lehren überzeugt.

Moses ist nicht der Verfasser der Genesis

Nach der Überlieferung wurde die Genesis von Gott offenbart und von den hebräischen Patriarchen oder von Moses aufgezeichnet. Diese Behauptung kann keiner rationalen Kritik standhalten. Es ist wahrscheinlich, daß das Buch Nummer 1 der Bibel von der *Geschichte Phöniziens* inspiriert wurde, jenem Werk, das Sanchuniathon geschrieben hatte, lange bevor es die Hebräer gab.

Wenn die Genesis eine Fälschung, ein Plagiat ist, dann hat die Bibel nicht den geringsten Wert: Die Hebräer werden zu harmlosen Lügenerzählern und der Herr zu einem Phantasiegebilde, das man umsonst anbetet, anfleht und fürchtet. Deshalb bemühte man sich so sehr, das Buch von Sanchuniathon als rein literarische Erfindung oder als ein jüngeres Werk als die Bibel hinzustellen. Die »black-out«-Parolen sind strikt befolgt worden! Die Atheisten, zumeist historisch nicht sehr interessiert, haben den phönizischen Autor vernachlässigt; die gebildeten Historiker aber, die zum Thema etwas sagen hätten können, hüteten sich sehr wohl, die Blitze der christlichen Gerichtsbarkeit auf sich zu ziehen.

Die Geschichte Phöniziens ist uns nicht erhalten geblieben. Sie war im 1. Jahrhundert von Herrenios Philo (auch als Philon aus Byblos bekannt) ins Griechische übersetzt worden. Doch diese Übersetzung ist auf ebenso geheimnisvolle Weise verschwunden, wie in den ersten Jahrhunderten unserer Zeitrechnung alle authentischen Geschichtsbücher verschwanden, die dem Geschichtsbild des Alten Testaments hätten schaden können.

Vom Werk Sanchuniathons wäre also nichts übriggeblieben, hätte nicht im 3. Jahrhundert ein vielbeachteter Streit darüber den griechischen Philosophen Porphyrios (er war syrischer Herkunft) und Eusebios, den Bischof von Cäsarea, zu Gegnern gemacht.

Porphyrios gründete sich auf die Übersetzung des Philon (die es damals noch gab) und behauptete, daß Moses die wesentlichen Elemente der Genesis aus der *Geschichte Phöniziens* abgeschrieben hätte. Eusebios seinerseits wollte Porphyrios widerlegen, indem er die wichtigsten Abschnitte des Buches wiedergab.

Wem soll man eher Glauben schenken: dem, der Moses in aller Form des Plagiats beschuldigt, oder dem, der behauptet, die Genesis sei das Ergebnis einer göttlichen Offenbarung, die dem großen Patriarchen zuteil wurde?
Um die Argumente des Porphyrios zu entkräften, veröffentlichte Eusebios zunächst Ausschnitte aus der *Geschichte Phöniziens,* um dann zu behaupten, daß Sanchuniathon niemals existiert habe und sein Buch von Philon zur Bekämpfung des Christentums geschrieben worden sei. Damit nahm der Streit eine interessante Wendung: Der Bischof von Cäsarea anerkannte nämlich damit implizite, daß ein Fragment des phönizischen Textes mit der Genesis der Bibel identisch ist, behauptete aber, daß Philon ein Fälscher gewesen sei.
Das war eine überaus ungeschickte Taktik, denn mehrere antike Schriftsteller hatten den phönizischen Historiker erwähnt. Auf Grund ihrer Zitate konnte der Grammatiker Suidas sogar die Titel dreier seiner Werke angeben; ein Teil davon ist in *Fragmenta historicorum graecorum* von C. Müller gesammelt. Eusebios konnte daher seine Behauptung, Sanchuniathon hätte niemals existiert, nicht aufrechterhalten. Er begnügte sich damit, Verwirrung zu stiften, um Zweifel bestehen zu lassen.
Zitieren wir den Historiker Ernest Renan: »Porphyrios war kein Fälscher, sondern ein gelehrter Bibliophile. Soweit sich sein Charakter aus seinen eigenen Schriften ablesen läßt, war er ein gewissenhafter Polygraph ... Vor allem sein aufrichtiger Ton besticht ... In großer Einfachheit erklärt er sein Streben, die Wahrheit zu erkennen, er schildert, welche Mühe er sich gegeben, wie viele Bücher er gelesen, und erwähnt auch die Zweifel, die in ihm durch die Widersprüche der verschiedenen Zeugnisse geweckt wurden ...«
Zwischen dem ehrlichen Porphyrios und dem frommen Eusebios gilt es also zu wählen. Zur Abrundung des Bildes sei noch hinzugefügt, daß Eusebios zwar der berühmte Verfasser der *Kirchengeschichte* ist, daß aber die von ihm berichteten Fakten nur mit größter Skepsis zu betrachten sind. Der englische Historiker Eduard Gibbon wirft ihm vor, nur ein gefälliger Höfling des heidnischen Kaisers Konstantin gewesen zu sein und es bei der Schilderung der Ereignisse mit der Wahrheit nicht sehr genau genommen zu haben. Gibbon zufolge schildert Eusebios alles, was dem Christentum zur Ehre gereichen kann, mit der größten Ausführlichkeit und verschweigt systematisch, was ihm schaden könnte. Die Parteilichkeit des Eusebios gegenüber Konstantin ist fast sprichwört-

lich: Konstantin war – im Gegensatz zur überlieferten Legende – Heide und erkannte das Christentum nur aus Staatsräson an. Daß er vor der Schlacht gegen Maxentius am Himmel ein strahlendes Kreuz mit der Inschrift *In hoc signo vinces* (in diesem Zeichen wirst du siegen) gesehen hat, wird übrigens auch nur von Eusebios berichtet.

Zur Frage der Glaubwürdigkeit des Eusebios sei schließlich auch noch erwähnt, daß ein Kapitel seiner *Demonstratio evangelica* folgenden bezeichnenden Titel trägt: »Inwieweit es erlaubt ist, die Lüge als Hilfsmittel gegen jene zu benützen, die diese Methode bekehren kann.« Es liegt mir fern, die fromme Lüge in Grund und Boden zu verdammen, doch dieses Detail erleichtert die Wahl zwischen dem ehrlichen Philon und dem Bischof von Cäsarea.

Immerhin, versuchen wir, gerecht zu sein: Eusebios war ein rechtschaffener Mann, den sein Glaube mit Blindheit geschlagen hat. Dennoch sind wir ihm zu Dank verpflichtet, denn durch ihn wurde uns das einzige Fragment über die authentische Geschichte der Menschheit überliefert.

Die *Geschichte Phöniziens* ist das älteste in verständlicher Sprache geschriebene Dokument unserer historischen Überlieferung. Sie ist um so wertvoller, als ihr Verfasser ein Mann freien Geistes war, der sich keine Zurückhaltung auferlegte, wenn es galt, Mythen aufzudecken.
Hören wir, was die Enzyklopädisten über Sanchuniathon berichten: »Nach den Fragmenten der *Geschichte Phöniziens* soll er ein Zeitgenosse von Semiramis gewesen sein, der zwanzig Jahrhunderte v. Chr. lebte. Sein Werk würde demnach in eine sagenhafte Vergangenheit zurückreichen ...
Man nimmt an, daß Sanchuniathon, wie Vgâsa in Indien, ein Kompilator uralter theogonischer und historischer Dokumente war, die entweder durch mündliche, wohl aber auch durch schriftliche Überlieferung auf ihn gekommen sind ...«
Es ist bedauerlich, daß wir nicht im Besitz des gesamten Textes von Sanchuniathon sind, denn es darf als sicher angenommen werden, daß Eusebios die in der Bibel plagiierten Stellen nicht übernommen hat und daß das Wesentliche, also der Beginn der historischen Zeiten, vollkommen fehlt.
Um dem Leser die Möglichkeit zu bieten, sich mit den wesentlichen Aussagen der schwer zugänglichen und umfangreichen *Praeparatio evangelica* des Eusebios auseinanderzusetzen, war es mir ein großes Anliegen, diese möglichst vollständig wiederzugeben. Auch möchte ich unbedingt verhindern, daß der für die Wahrheitsfindung so wertvolle Text ein drittes Mal, und diesmal endgültig, »verlorengeht«. Die Zwischentitel, in Klammern gesetzte Ergänzungen und Randbemerkungen wurden von mir zum besseren Verständnis hinzugefügt.
»Der Autor der gegen mich (Eusebios) gerichteten verleumderischen Schrift, Porphyrios, legt im vierten Buch seines Werkes über Sanchuniathon folgendes Zeugnis ab: ›Sanchuniathon aus Berytos erzählt alles, was sich auf die Juden bezieht, mit der größten Wahrhaftigkeit, denn er ändert weder die Orte noch die Namen, hat er doch die von Jerombal, dem Priester des Gottes Jeuo, verfaßten Schriften in Händen gehabt.
Jerombal hatte seine Geschichte dem König von Berytos, Abibal, gewidmet; sie wurde von ihm und denen, die er mit ihrer Überprüfung betraut hatte, auf ihre Wahrhaftigkeit untersucht.
Die Zeiten, in denen diese Menschen lebten, lagen vor dem Troja-

nischen Krieg und nähern sich jenen des Moses, wie es die Erbtafeln der phönizischen Könige zeigen.
Sanchuniathon wiederum – der Name bedeutet in der Sprache der Phönizier *Philalethes* oder Freund der Wahrheit – hat unter Semiramis, der Königin der Assyrer, gelebt, deren Herrschaft in jene Zeit fällt, die den Ereignissen von Ilion unmittelbar vorangegangen oder mit ihnen zusammengefallen ist. Er hat die ganze alte Geschichte der ihm bekannten Monumente gesammelt, um daraus ein Werk zu schaffen.
Philon aus Byblos schließlich hat die Schriften des Sanchuniathon in griechischer Sprache wiedergegeben.‹
Derselbe (Porphyrios) fährt fort und spricht nicht vom Höchsten Gott, nicht einmal von den himmlischen Göttern, sondern von *sterblichen Männern und Frauen;* aber nicht von jenen, die für ihre beispielhafte Lebensweise und Tugend Bewunderung verdienen oder wegen ihres philosophischen Geistes als Vorbilder gelten können, sondern vielmehr von Wesen, die die schändlichste Verderbtheit auf sich geladen haben. Dennoch gibt er zu, daß es jene sind, die einst und auch heute noch von den Menschen als Götter verehrt werden . . .

Taautos war Thot

Philon, der das Werk Sanchuniathons in neun Büchern gesammelt hat, stellt ihn im Vorwort zum ersten Buch mit folgenden Worten vor:
›Sanchuniathon, eine sehr eifrige und gelehrte Persönlichkeit, die vor allem den Ursprung und die bestimmenden Prinzipien aller Dinge erkennen wollte, bemühte sich mit großem Fleiß, die Schriften von Taautos zu finden. Denn er hatte erfahren, daß von allen Menschen, die unter der Sonne geboren wurden, Taautos der erste war, der an die Erfindung der Buchstaben gedacht und damit die Geschichte der Schriftdokumente eingeleitet hatte.
Er war es, den die Ägypter TOYT, die Alexandriner THOT nannten, was die Griechen mit HERMES (Merkur) übersetzten.‹
Nach dieser Einleitung wendet sich Philon gegen die späteren Schreiber, die gewaltsam und im Gegensatz zur Wahrheit Allegorien, physikalische Erklärungen und Theorien in die Erzählungen über die Götter eingefügt haben. Er setzt fort:
›Auf diese Weise haben sie die Mysterien eingeführt und über alle Dinge einen so undurchdringlichen Nebel gebreitet, daß man die

Wahrheit nur schwer durchschauen konnte. Jener aber (Sanchuniathon) hatte in verschiedenen Heiligtümern die geheimen Schriften der *Ammonäer* gefunden, die nur wenigen Personen bekannt waren. Er studierte alles (was sie enthielten), und nachdem er dies abgeschlossen hatte, konnte er seinen Vorsatz verwirklichen und in seinem Werk jene Elemente und Fabeln beiseite lassen, die erst in späteren Zeiten durch die Priester hinzugekommen waren. Denn diese wollten die Wahrheit verheimlichen und die Mysterien einführen, die den Griechen zu jener Zeit noch nicht bekannt waren.‹
(Nach weiteren Bemerkungen fügt Philon in seinem Vorwort hinzu:)
›Es ist notwendig, für die größere Klarheit und das bessere Verständnis des Folgenden, zunächst festzuhalten, daß die ältesten Barbarenvölker, insbesondere die Phönizier und Ägypter, die allen anderen Menschen Vorbilder waren, jene als die höchsten Götter betrachteten, die nützliche Entdeckungen gemacht oder sich als Wohltäter der Völker erwiesen hatten; sie nannten sie Evergetes (Wohltäter) zum Dank für ihre zahlreichen Hilfeleistungen. Sie verehrten sie wie Götter und widmeten ihnen daher bereits bestehende Tempel, errichteten ihnen zu Ehren Säulen und Haine und verehrten diese inbrünstig.
Die Phönizier feierten die größten Feste ihnen zu Ehren. Außerdem benannten sie die Gestirne nach ihren Königen, von denen einige schon damals als Götter verehrt wurden. Denn als natürliche Gottheiten anerkannten sie nur die Sonne, den Mond, die Planeten und die Sterne:
Sie hatten daher sterbliche und unsterbliche Götter.‹

Kosmogonie der Phönizier

›Einst waren dunkle und stürmische Winde oder ein dunkler Windhauch und ein schlammiges und höllisches Chaos unendlich in Zeit und Ausdehnung. Bis dieser Wind in Liebe zu seinen eigenen Prinzipien entbrannte, woraus eine Verbindung entstand, die das Verlangen genannt wurde. Dieses war das Prinzip der Erschaffung aller Dinge. Der Wind hatte keine Kenntnis von dem, was er hervorgebracht hatte.
Aus dem Beiwohnen des Windes ging MOT hervor. (Von manchen wird dieser Begriff mit Rückstand erklärt; andere interpretieren ihn als Verwesung einer wässerigen Mischung.) Dies war der einzige Keim der Schöpfung und der Ursprung aller Dinge.

Dann tauchten Tiere auf, doch ohne Empfindungsvermögen; diese brachten höherentwickelte Tiere hervor, die *Zophasemin,* das heißt Beobachter des Himmels, genannt wurden.
Mot hatte bei seiner Entstehung die Form eines Eies; dieses wurde strahlend und brachte die Sonne, den Mond, die Sterne und die großen Konstellationen hervor.‹
Dies ist die Kosmogonie der Phönizier (schreibt Eusebios), die dem Atheismus Tür und Tor öffnet. *(Dann folgt die Entstehungsgeschichte der Tiere: Es gab Männchen und Weibchen auf dem Festland und im Meer.)*
›Diese Dinge‹, schreibt Philon weiter, ›waren in der Kosmogonie von Taautos aufgezeichnet; Sanchuniathon hat dessen Vermutungen und Überzeugungen überliefert.‹

Geburt der sterblichen Menschen göttlichen Stammes

›Aus dem Wind Kolpia und seiner Gemahlin Baau (was Nacht bedeuten soll) wurden die sterblichen Menschen Aeon und Protogonos geboren. Diese zeugten Genos und Genea, die Phönizien bewohnten. Große Trockenheit kam, und sie streckten die Hände dem Himmel und der Sonne entgegen.‹
Philon berichtet weiter, daß sie die Sonne als höchste Gottheit des Himmels ansahen und Beelsamen nannten, was auf phönizisch ›Herr des Himmels‹ heißt. Bei den Griechen ist dies Zeus (Jupiter).
In der Folge greift Philon den Irrtum der Griechen an:
›Es geschieht nicht ohne Grund, daß ich diese Unterscheidung betone; es soll die oftmals verkannte wahre Bedeutung der Namen aufgezeigt werden; was die Griechen nicht kannten, dem haben sie einen anderen Wert beigemessen; sie wurden verwirrt durch die Ungenauigkeit der Übersetzung.
Aus Genos, dem Sohn von Aeon und Protogonos, wurden neue sterbliche Kinder geboren, die Phos, Pyr und Phlox (Licht, Feuer und Flamme) genannt wurden. Sie waren es, die das Feuer erfanden, indem sie Holzstücke aneinander rieben, und dieses Wissen weitergaben. Sie hatten Kinder von auffallender Größe und Überlegenheit; diese gaben den Bergen, deren Herrscher sie waren, ihre Namen . . .
Er (Sanchuniathon) bemerkt, daß die Menschen nach ihren Müttern benannt wurden, da sich die Frauen ohne Scham dem erstbesten hingaben . . .‹
Philon fährt fort: ›Hypsourianos wohnte in Tyros und baute Hüt-

ten aus Schilf, Rohr und Papyrus. Er geriet mit seinem Bruder Ousous in Streit, der als erster auf die Idee kam, Tierhäute zu vereinen und damit seinen Körper zu bedecken.
Starker Regen und heftige Stürme hatten Tyros verwüstet, die Bäume geknickt, und das Feuer ergriff den Wald. Ousous nahm einen Baum, entfernte dessen Äste und wagte sich als erster aufs Meer hinaus. Er weihte zwei Stelen dem Feuer und dem Wind und brachte ihnen mit dem Blut der Tiere, die er gefangen hatte, Opfer dar . . .‹
›Jahrhunderte waren seit der Zeit des Hypsourianos vergangen, als Agreus und Lieus, die Erfinder des Fischfangs und der Jagd, geboren wurden. Sie waren es, die ihre Waffen für diese Künste verwendeten.Von ihnen stammten zwei Brüder ab, die das Eisen und dessen Verarbeitung erfanden; einer von ihnen, Chrysor, verfaßte Reden und war der Zauberkünste und Weissagungen kundig.‹

Geburt der Menschen irdischen Stammes

›Sanchuniathon fährt fort, daß aus diesem Stamm zwei junge Männer hervorgingen, von denen der eine Technites, der Handwerker, und der andere Autochthon, der Irdische, genannt wurde.‹ *(Die Bedeutung dieser Aussage kann nicht genug herausgestrichen werden: Wenn der eine ausdrücklich Autochthon genannt wurde, könnte der zweite außerirdischer Herkunft gewesen sein.)*
›Diese vermischten aufgeweichte Tonerde mit Heu, trockneten sie an der Sonne und machten Ziegel daraus; sie fanden auch die Art und Weise, Dächer zu bauen . . .‹
›Nach ihnen kamen andere, unter ihnen Agros (später Agroueros oder Agrotes genannt), dessen Statue und tragbarer Tempel in Phönizien sehr verehrt werden. Insbesondere die Bewohner von Byblos betrachten ihn als den höchsten Gott.
Sie begannen, vor den Häusern Höfe anzulegen, Einfriedungen und Höhlen zu bauen. Ihre Nachkommen waren Jäger, die auch Hunde verwendeten. Man nennt sie Nomaden oder Titanen.
Sie zeugten Amunon und Magon, die Dörfer und Schafställe anlegten und ihrerseits Misor und Sydyc (d. h. Ungebunden und Gerecht) hervorbrachten. Sie entdeckten den Gebrauch des Salzes. Misor zeugte Taautos, der die Schrift erfand und als erster Buchstaben bildete. Die Ägypter nannten ihn Thoor, die Alexandriner Touth, die Griechen Hermes. *(Gemeint ist natürlich Thot.)*
Sydyc wiederum zeugte die Dioskuren, die auch Kabiren, Kory-

banten oder Samothrakier genannt wurden. Sie erfanden den Schiffsbau. Von ihnen stammten andere Menschen ab, die Kräuter zur Heilung von Bissen giftiger Tiere benützten und Zauberformeln erfanden.
Zu ihrer Zeit wurde auch ein Mensch namens Elioum Hypsistos und seine Gemahlin Berouth geboren, die sich in der Gegend von Byblos niederließen. Ihnen entsproß Epigeios oder Autochthon, den man später Uranos (der Himmel) nannte . . .
Uranos vermählte sich mit seiner Schwester Ghe, die ihm vier Kinder gebar: Ilus, genannt Kronos *(lat. Saturn, von den Orientalen Bel oder Baal genannt),* Betylos, Dagon, den man Siton (Fisch) nennt, und Atlas . . .‹

Kronos war ein Sterblicher

›Kronos hatte zwei Töchter, Proserpina und Minerva. Die erste starb jungfräulich. Auf den Rat der Minerva und des Hermes machte Kronos aus Eisen eine Sichel und eine Lanze . . .
Zu dieser Zeit hatten die Nachfahren der Dioskuren alle Teile der Flöße und Schiffe zusammengesetzt und begannen mit der Schiffahrt. Als sie zum Berg Casius kamen, errichteten sie dort einen Tempel. Die Verbündeten von Hel (Kronos) erhielten den Beinamen Eloim, was soviel heißt wie Kroniden. Sie wurden nach Kronos so benannt . . .‹
(Die Hebräer wurden von den Phöniziern und Ägyptern eingeweiht, deren Mythen sie übernahmen und veränderten. Die Weltenschöpfer, die Eloim oder Götter, könnten jene phönizischen Helden sein, von denen Sanchuniathon spricht. Im Bericht des Philon erfährt man weiter, daß Uranos von seinem Sohn Kronos bekämpft und schließlich ins Exil verbannt wurde. Wohin, wird nicht gesagt.)
›In späteren Zeiten entsandte Uranos vom Ort seiner Verbannung seine Tochter Astarte mit zwei ihrer Schwestern, Rhea und Dione, um Kronos zu vernichten.
Der Gott Uranos erfand und errichtete Baetyle oder lebendige Steine (*abadir* auf phönizisch).
Dies waren also die Taten des Kronos und die ehrwürdigen Abschnitte seines Lebens; diese Zeit wird von den Griechen sehr gepriesen; sie nennen sie das erste, das goldene Zeitalter der mit der Sprache begabten Menschen und die Zeit der Glückseligkeit der früheren Menschen, die so häufig gerühmt wird.

›Astarte, die Große Göttin, Jupiter Demaroun und Adad, der König der Götter, herrschten über die Erde mit der Zustimmung von Kronos. *(Hätten sie auch anderswo herrschen können?)*
Astarte trug als Zeichen ihrer königlichen Würde einen Stierkopf auf ihrem Haupt.
Als sie das Universum durchquerte, fand sie einen Stern, der die Luft durchschneidet; sie hob ihn auf und weihte ihn in Tyros.‹
(Es handelt sich eindeutig um einen Aerolithen. Der Tempel von Tyros besaß, wie die meisten phönizischen Tempel, einen schwarzen oder grünen Stein: Häufig hatten diese Steine konische Form und stellten einen Stern [Venus] dar. Astaroth, die syrische Göttin [Astarte], hatte zuerst die Form eines konischen Steins. Wahrscheinlich ist er auch mit dem Zeichen der karthagischen Göttin Tanit verwandt. Der Algabal, der heilige Stein von Emesa in Phönizien, war der Stein der Venus; er wurde fälschlicherweise mit dem Sonnenkult verbunden, wobei er die Bezeichnung Heliogabal erhielt.)
›Jene, die von den Phöniziern Astarte genannt wird, ist für uns Venus.
Als Kronos das Universum durchmaß, gab er seiner Tochter Minerva die Macht über Athen und das Königreich Attika.‹
(Die phönizische Minerva, die in Griechenland von Kadmos eingeführt wurde, hieß Oyya oder OyXa [Ops?]. Diese Minerva stiftete das berühmte Palladium, das Odysseus in Troja entwendete. Pausanias bemerkt hierzu, daß Kadmos ein Phönizier und kein Ägypter war.)
›Als die Pest ausbrach und die Sterblichkeit sehr groß war, brachte Kronos seinem Vater Uranos seinen einzigen Sohn als Opfer dar. Er beschneidet sich und zwingt alle seine Verbündeten, desgleichen zu tun.
Danach übergab Kronos der Göttin Baaltis, die mit Dione gleich ist, den Besitz von Byblos. Berytos schenkte er dem Poseidon (Neptun) und den pflügenden und fischenden Kabiren. Sie waren es, die die Reliquien von Pontus in der Stadt Berytos den Göttern weihten.
Bevor diese Dinge geschahen, ersann Taautos für Kronos das Zeichen der Königswürde: vier Augen, die auf Vorder- und Rückseite des Körpers liegen und von denen sich zwei langsam schließen; an den Schultern befinden sich vier Flügel, von denen zwei geschlossen und zwei entfaltet sind. Dieses Symbol bedeutet, daß Kronos sah,

wenn er schlief, und wachend schlafen konnte; er konnte fliegen und sich dabei ausruhen, und wenn er ruhte, fliegen.
Den anderen Göttern hat Taautos zwei Flügel an den Schultern gegeben, um anzuzeigen, daß sie Kronos bei seinem Flug begleiten. Er verlieh ihm auch noch zwei Flügel auf dem Kopf, um damit den befehlenden Verstand und die Sinnesempfindung zu versinnbildlichen.‹
(Sanchuniathon drückt sich sehr genau aus: Zwei Flügel sind Symbole, die anderen dienen zum Fliegen.)
›Als Kronos in den Süden gelangte, gab er ganz Ägypten dem Gott Taautos, damit dies sein Reich sei.
Die sieben Kabiren, die Söhne des Sydyc, waren gemeinsam mit ihrem Bruder Asklepios die ersten von allen Menschen, die diese Dinge aufgezeichnet haben, damit die Erinnerung daran bewahrt werde, wie es ihnen der Gott Taautos aufgetragen hatte.‹

Die Geschichte wurde verfälscht

›Der Sohn des Thabion war der erste Hierophant, den es in Phönizien gab. Er übersetzte die Aufzeichnungen allegorisch, fügte sein Wissen über die Bewegung des Universums bei und übergab seine Darstellung den Leitern der Orgien und den Propheten der Mysterien.
Diese wollten die Unverständlichkeit der Überlieferung noch vergrößern und fügten daher Dinge ihrer eigenen Erfindung hinzu. Dies alles lehrten sie ihre Nachfolger und jene, die sie einweihten.
Die Griechen, die unter allen Völkern durch ihre glänzende Vorstellungskraft hervortreten, haben sich als erste die meisten dieser Phantastereien und Verfälschungen zu eigen gemacht. Sie fügten noch verschiedene Ausschmückungen hinzu, um allem eine dramatische Form zu verleihen; da sie durch den Zauber der Fabeln bestechen wollten, verwandelten sie die Überlieferungen allmählich vollständig.
Von dieser Fassung ausgehend, haben Hesiod und die hochberühmten Zykliker die Theogonien und Gigantenkämpfe willkürlich geschaffen; die Weglassungen, die auch sie da und dort vorgenommen haben, brachten die Wahrheit schließlich vollkommen zum Erlöschen.
Seit unserer frühesten Jugend sind wir daran gewöhnt, ihre verfälschten Berichte zu hören, und unser Geist ist seit Jahrhunderten so sehr von Vorurteilen durchtränkt, daß er diese phantastischen

Lügen wie einen Schatz hütet ... Die Zeit hat ihr Werk noch gefestigt, sie hat diese Neufassung nahezu unumstößlich gemacht, so daß uns schließlich die Wahrheit unglaubwürdig und die Fälschung wahr erscheint.‹

Die geheimnisvolle Schlange

In den Abhandlungen Philons über die phönizischen Schriften und seiner Übersetzung des Werks von Sanchuniathon liest man:
›Seht nur die Reptilien und giftspeienden Tiere, die den Menschen nicht nützlich sind, sondern allen Tod oder Verstümmelung bringen, denen sie ihr dunkles und schreckliches Gift eingespritzt haben.‹
(Daraus geht hervor, daß für Sanchuniathon und die Phönizier die Schlangen, Drachen und anderen Reptilien eine hassenswerte, bösartige Brut sind. Woher kommt dann die Verehrung, die den Schlangen in der Antike zuteil wurde? Sanchuniathon erklärt es uns: Es handelt sich nicht um die Giftschlange, sondern um eine gewisse Art von leuchtender ›Schlange‹, die in den Lüften schwebt, surrt und schnell wie der Blitz ist.)
›Taautos und nach ihm die Phönizier und Ägypter haben die *Art* der Schlangen und Drachen zu Gottheiten erhoben, da sie unter allen kriechenden Tieren diejenigen sind, deren Atem der stärkste ist. Er erklärt, daß sie (die Schlange) dem Element des Feuers angehört, da in ihr *eine Geschwindigkeit ist, die auf Grund ihres Atems nichts übertreffen kann.* Ohne Füße, ohne Hände oder andere äußere Hilfsmittel, über die die anderen Tiere verfügen, kann sie alle Bewegungen machen und die verschiedensten Formen annehmen.
Sie verleiht den Spiralen, die sie bei ihrer Fortbewegung beschreibt, jede beliebige Geschwindigkeit. Aus diesem Grund wurde dieses Tier als wesentlicher Teil in die Tempel und Mysterien aufgenommen.‹
(Anmerkung: Philon hat offenkundig den Sinn nicht ganz erfaßt.)
›... Dieses Tier stirbt keines natürlichen Todes ... Die Phönizier nennen es Agathodämon, den guten Geist, und die Ägypter nennen es Kneph; sie geben ihm auch noch einen Sperberkopf, um seine Energie auszudrücken.
Epeis, der erste der Hierophanten und Hierogrammaten, der von Areios von Herakleopolis in die griechische Sprache übersetzt wurde, sagt darüber wörtlich:

»Die erste und höchste Gottheit ist die Schlange mit dem Sperberkopf; wenn sie die Augen öffnet, erfüllt sie die ganze erstgeschaffene Erde mit Licht; wenn sie sie schließt, breitet sich Finsternis aus.«
Epeis hat diese klingende Sprache benützt, um auszudrücken, *daß die Schlange mit ihrem Glanz alles beleuchtet hat.*
Bei den Ägyptern scheint die Schlange auch in der Darstellung des Universums auf. Sie zeichneten einen flammenden Kreis mit einer liegenden Schlange mit Sperberkopf; insgesamt ähnelt die Zeichnung unserem Buchstaben *Θ* (Theta). Die Welt war der Kreis und die Schlange in seiner Mitte der gute Genius (Agathodämon).‹
(Auch die Kelten zeichneten eine Schlange in die Mitte eines Kreises oder über konzentrischen Kreisen, was die Erschaffung der Welt durch eine Schwingungswelle symbolisiert. Ist das Agathodämon eine Welle? Vielleicht die Elektrizität? Es scheint, als wäre die Agathodämon-Schlange etwas Ähnliches wie die ursprüngliche Energie-Materie. Es ist vielleicht der nwyvre [wuiwre = Schlange] der Kelten.)
›Zoroaster, der Magier, sagt im heiligen Ritual der Perser: »Der Gott mit dem Sperberkopf ist der erste, er ist ewig, unübertroffen, unteilbar, ohnegleichen, der Führer zu allem, was schön ist, er läßt sich durch Geschenke nicht bestechen . . .«
Von da ausgehend haben die Physiologen ihr System aufgebaut, wie es überliefert wurde: Sie haben in den Heiligtümern der Tempel, die sie den Göttern weihten, die ersten Sterne in Form von Schlangen dargestellt. Sie haben diesen Reptilien Opfer gebracht, ihnen Feste und Mysterien geweiht, da sie sie als die höchsten Götter und Lenker aller Dinge betrachteten.
Das sind die Überlieferungen Sanchuniathons über die Schlangen.‹ *Eusebios (Band II, Buch X, Kap. IX)*

»Wenn Sanchuniathon unter Semiramis geboren wurde und wenn diese, wie man übereinstimmend annimmt, lange vor der Zeit Trojas lebte, ist auch Sanchuniathon älter als diese Zeiten; aber man sagt, daß er Schriften von Verfassern erhielt, die älter waren als er und von denen gesagt wird, daß sie nahe der Zeit des Moses gelebt haben. Nun schreibt aber Porphyrios im 4. Buch seiner Schmähschrift gegen mich wörtlich folgendes:
›Sanchuniathon aus Berytos erzählt mit der größten Wahrhaftigkeit alles, was sich auf die Juden bezieht, und stimmt mit ihnen in den Orten und Namen überein. Er hatte die von Hierombal, dem Priester des Gottes Jeuo, aufgezeichneten Schriften erhalten. Dieser

hatte seine Geschichte dem König von Berytos, Abibal, gewidmet; ihr wurde von ihm, wie auch von jenen, die er das Aufgezeichnete überprüfen ließ, das Zeugnis vollkommener Wahrhaftigkeit ausgestellt.
Die Zeiten, in denen diese Menschen lebten, lagen vor dem Trojanischen Krieg, sie nähern sich jenen des Moses, wie es die Erbtafeln der phönizischen Könige zeigen.
Sanchuniathon, dessen Name in der phönizischen Sprache Freund der Wahrheit bedeutet, hat die gesamte alte Geschichte gesammelt und aufgezeichnet aus Dokumenten, die in den Archiven der Städte lagen, und aus Annalen, die in den Tempeln aufbewahrt wurden; er wurde unter Semiramis, der Königin der Assyrer, geboren.‹«

Die Schlange mit den Propellern

Die wichtigste Aussage des Fragments der Geschichte Phöniziens ist nach meiner Ansicht die Schilderung der Schlange mit den Propellern:
»Sie hat eine Geschwindigkeit, die auf Grund ihres Atems nichts übertreffen kann. Sie verleiht den *Spiralen,* die sie bei ihrer Fortbewegung beschreibt, jede beliebige Geschwindigkeit ... Ihre Energie ist außergewöhnlich. Sie wird mit einem Sperberkopf dargestellt ... Mit ihrem Glanz hat sie alles beleuchtet ...«
Unzweifelhaft, und Sanchuniathon betont es, handelt es sich nicht um eine Tier-Schlange, sondern um eine fliegende Apparat-Schlange, denn sie ist superschnell und wird mit einem Sperberkopf dargestellt.
Der Flugapparat verleiht den *Spiralen,* die er beschreibt, jede beliebige Geschwindigkeit. Dieser Satz ist rätselhaft, dennoch geht aus der allgemeinen Schilderung hervor, daß sich die Schlange durch einen hinten ausgestoßenen Strahl (dies entspricht genau dem Prinzip des Rückstoßantriebs) und ein vorne gelegenes Propellersystem im Raum fortbewegt. Das griechische Wort für Propeller, *helix,* kommt von *helissein* = einrollen, das auch zur Entstehung des Wortes *ilinx* = Wirbel führte.
Dieser Wirbel ist es vor allem, der meine Phantasie anregt. Er befindet sich vor der Schlange, aber die Schlange selbst bildet keinen Wirbel, denn sonst gäbe es keinen antreibenden Luftstrom rückwärts. Das Ganze könnte also theoretisch eine Art archimedische Schraube sein. Doch die Parallele zur Aeronautik des 20. Jahrhunderts ermöglicht die eindeutige Identifizierung der

beschriebenen fliegenden Schlange: Es ist ein Düsenflugzeug mit Rückstoßantrieb, das vorne einen Propeller hat.

Besonders vermerkt sei noch das strahlende Aussehen des Flugzeuges, dessen Energiequelle – so wird betont – außergewöhnlich ist und dem Element Feuer angehört. Dieses wurde wahrscheinlich durch die von der Düse gespienen Flammen sichtbar; ihr Dröhnen (ihr Atem) hat Sanchuniathon stark beeindruckt.

Diese »Schlange« war den Phöniziern und Ägyptern bekannt. Sie entspricht sehr wohl der Definition, die sie schließlich erhalten hat: außerirdische Flugmaschine, die von höheren Intelligenzen gelenkt wird. Denn die Schlange symbolisiert gleichzeitig die Maschine und den Astronauten. Sie wird übrigens häufig mit dem Kopf eines Widders als Symbol des Anführers dargestellt.

»Wenn sie die Augen öffnet, erfüllt sie die ganze erstgeschaffene Erde mit Licht; wenn sie sie schließt, breitet sich Finsternis aus . . .«

Dieser Satz sowie die nachfolgende Kosmogenese, in der das Universum durch einen Kreis mit einer Schlange in der Mitte dargestellt wird, ist sehr lehrreich. Und dies, obwohl Philon Verwirrung stiftet, indem er Zoroaster in seinen Gedankengang einbezieht. Man kann darin unsere Genesis erkennen: Die erstgeschaffene Erde wird gebildet; vielleicht ist sie auch von autochthonen Menschen bevölkert, doch diese Menschen erlangen das Wissen um sich selbst und um die Welt erst durch den Beitrag der außerirdischen Initiatoren. Sobald diese höheren Intelligenzen die Erdenbewohner nicht mehr unterstützen, sind die Kulturen in Gefahr und vom Niedergang bedroht.

Es handelt sich nicht um Gott – die ganze Beschreibung der Schlange bezieht sich eindeutig auf einen materiellen Gegenstand –, aber vielleicht um »Götter«; es ist bekannt, daß Sanchuniathon diese Bezeichnung für Zivilisatoren und höherentwickelte Wesen verwendete.

Dann wird die Schlange inmitten eines Kreises beschrieben: Sie ist eng verwandt mit der elektrischen Urwelle der Kelten und dürfte mit dem Agathodämon (= Elektrizität) identisch sein.

Die Geschichte Phöniziens von Sanchuniathon führt uns also in das außerirdische Abenteuer. Ist es nicht bemerkenswert, daß für die ersten Verse der Bibel (wo von den Elohim die Rede ist), für das Buch Henoch, die Manuskripte der alten Mayas und Tibeter und für die Wedas dasselbe gilt?

Ich weiß nicht, ob man heutzutage an die geheimnisvollen fliegenden Untertassen, die uns angeblich besuchen, ernsthaft glauben soll. Die Beweise sind gering, und man kann auf keinen Fall behaupten, daß außerirdische Wesen zu unserer Zivilisation auch nur das geringste beisteuern – trotz aller Kenntnisse, die wir ihnen zutrauen. Dagegen scheint bewiesen, daß alle vor 5000 Jahren entstandenen Kulturen den Stempel extraterrestrischer Einmischung trugen: Die »Götter« kamen als offizielle Vertreter eines Planeten und haben der Menschheit für die damalige Zeit außergewöhnliche Erfindungen vermittelt. Dieses Wissen war nur einige Generationen hindurch lebendig, nämlich solange die Zivilisatoren unter den Menschen weilten.

Vor 5000 Jahren konnten die Götter fliegen

Vor 5000 Jahren entfalteten sich in Kleinasien und Amerika glanzvolle Kulturen: bei den Assyrern und Babyloniern, den Phöniziern, Mayas und Inkas. Zur gleichen Zeit erlebten die älteren Kulturen der Perser, Inder und Ägypter eine neue Blüte. Die ganze Welt stellte sich auf die neue Zeit um, die durch die Ankunft der Fremdlinge vom Himmel angebrochen war.

Diese Götter werden durch ein geheimnisvolles, stets gleichbleibendes Symbol dargestellt: durch die fliegende Schlange oder den Drachen.

In Ägypten stehen Isis, Horus, Hator, Thot und Khonsou-Ptah im Zeichen der geflügelten Scheibe, die von zwei Uräusschlangen flankiert wird.

In Persien wird der große Gott Ahura-Mazda in einem fliegenden Schiff dargestellt, das wie ein Helikopter aussieht; in Assyrien und Babylonien hat Assur, der Gemahl der Istar, dasselbe Symbol.

In Phönizien sind die beiden großen und populären Götter Baal und Baal Tsaphon, der Herrscher des Nordens, dessen Symbol der zeugende Stier ist.

In Karthago, einer bedeutenden phönizischen Kolonie, wird als höchste Göttin Tanit (= Antlitz des Baal) verehrt. Sie wird auf Stelen durch ein rätselhaftes Symbol, das sogenannte »Tanitszeichen«, dargestellt, über das sich die Historiker ausschweigen. Dieses Tanitszeichen ist nach der ursprünglichen Version eine Scheibe, die über einem Kegelstumpf oder einer Pyramide schwebt. Manchmal ist unter der Scheibe eine Art Nachen gezeichnet, der wie zwei erhobene Arme über einer Senkrechten aussieht.

Die fliegende weiße Göttin

Der Mythos ist in Honduras zwar etwas abgewandelt, doch sind auch hier die Hauptmerkmale vorhanden: außerirdische Wesen, weißhäutige Götter, Fluggerät.
Die Legenden wissen zu berichten, daß einst eine junge Frau weißer Hautfarbe und von unbeschreiblicher Schönheit vom Himmel in dieses Land kam. Sie landete in der Stadt Cealcoquin. Dort ließ sie einen Palast erbauen, der mit sonderbaren Menschen- und Tiergestalten verziert war. Im Tempel wurde ein grüner Stein niedergelegt, der auf drei Seiten Zeichnungen aufwies, die ebenso geheimnisvoll wie jene auf den Mauern des Palastes waren. Es war ein Zauberstein, ein echter Talisman, der dem Reich der weißen Göttin die Macht verlieh, alle Feinde zu besiegen.
Eines Tages, als die weiße Göttin ihre Schönheit schwinden fühlte, teilte sie das Reich unter ihre Söhne. Dann ließ sie ihr fliegendes Bett auf die höchste Terrasse des Palastes tragen. Alsbald verschwand sie im Himmel in Gestalt eines schönen Vogels.
In Peru, Bolivien und Kolumbien, also im alten Reich der Inkas, findet man deutliche Spuren von Raumfahrzeugen, insbesondere auf dem Fries der Puerta del Sol (Sonnentor) in Tiahuanaco. Auch in diesen Gebieten benützten die Götter Flugmaschinen: Viracocha ist eng mit den Darstellungen der Puerta del Sol verbunden; Orejona, die Urmutter der Menschheit, kam von der Venus auf einem Luftschiff, das »strahlender glänzte als die Sonne«, schrieb der Chronist Garcilaso de la Vega.

Astronauten überall

Im Jahre 1965 legten sowjetische Archäologen in Ostsibirien auf einer Steinmauer Gravierungen frei, die Gestalten mit Menschenkörpern und Vogelköpfen zeigten. Professor Alexander Lipsky bemerkte, daß diese Darstellungen eine große Ähnlichkeit mit den ägyptischen Göttern Thot und Horus aufweisen. Die Funde wurden mit 3000 v. Chr. datiert; sie stammen also aus der Zeit, da auf allen Kontinenten der Erde die Religionen im Zeichen der fliegenden Götter und Luftschiffe standen.
Ein noch wichtigerer Fund wurde in Perghana (Usbekistan) gemacht: Professor G. V. Chatzky vom Institut von Samarkand entdeckte in der Nähe einer Höhle eine Zeichnung, die eine Art prähistorischen Kosmonauten darstellt: Auf dem Kopf trägt er

einen geschlossenen Helm mit Antennen und auf dem Rücken einen Apparat, wie ihn auch die modernen Weltraumspaziergänger benützen.
In Indien bewegten sich die Götter auf *vimanas* fort, das waren Fluggeräte, die vom *rasa* (Quecksilber) angetrieben wurden. Im Ramayana wird erzählt, daß sich der Held Kubera gewöhnlich auf einem fliegenden Wagen fortbewegte.
Schließlich berichten die keltischen Überlieferungen, daß zur Zeit von Belisama (= die Flammengleiche; man erkennt in ihr mühelos die Venus) König Bran, der Schiffer in geheimnisvollen Regionen, an Bord eines geflügelten Wagens in Richtung Westen fuhr, ohne das Wasser zu berühren.
Unter allen Breitengraden des Erdballs und zur gleichen Zeit ereignete sich das Phänomen der Ankunft neuer Götter. Sie waren außerirdischer Herkunft, und wir haben kein Recht, ohne weiteres an der Authentizität der überlieferten Tatsachen zu zweifeln.

3 Die Sintflut

Will man die Vergangenheit und ihre großen Ereignisse überschauen und erforschen, muß man schrittweise vorgehen: Fakten auswählen, für die ihre Wahrscheinlichkeit spricht, Verfälschungen ausmerzen, die eindeutig als solche erkannt wurden.
Doch die Geschichte kann nicht ohne Daten auskommen. Leider verfügen wir über keine zeitlichen Marksteine, die es ermöglichen würden, jene Ereignisse genau zu situieren, von denen ich berichte. Üblicherweise werden die weiträumigen vorgeschichtlichen Epochen auf kraß empirische Weise abgegrenzt; und dies in einem Jahrhundert, in dem die Entfernungen auf das tausendstel Mikron und die Zeit auf die millionstel Sekunde genau gemessen werden können!

Ein entscheidendes Datum

Es ist wissenschaftlich unhaltbar, die Geburt Jesu Christi als Grundlage unserer Zeitrechnung zu verwenden, da dieses Ereignis zeitlich auch nicht annähernd genau bestimmt werden kann. Im übrigen gibt es kein Dokument aus dieser Zeit, keinen Bericht, in dem die Existenz Christi bestätigt wird.
Gehen wir noch weiter zurück: Wir können noch ungefähr sagen, wann Pythagoras oder Buddha gelebt haben. Aber mit Homer und dem Trojanischen Krieg beginnt der Nebel jener Zeiten, die von den Prähistorikern mangels besseren Wissens die Bezeichnung »Bronze- und Eisenzeit« erhielten.
Eine Kultur, die sich so sehr auf Wissenschaft und Vernunft gründet wie die unsere, wäre es sich zumindest schuldig, einen astronomischen Kalender zu erstellen. Vielleicht erleben wir es im Jahre 2000.
Zwei Daten könnten aber mit einer gewissen Genauigkeit fixiert werden: jene, zu denen die beiden Sintfluten ausgelöst wurden.
Die kleine Sintflut, von der uns zahlreiche Texte berichten, wurde vom Planeten Venus verschuldet, der als Komet in unser Sonnensystem einbrach, sich darin verfing und als Planet dort verblieb. Ernst zu nehmende astronomische Angaben wie die Tabelle von Tiruvallur (die irgendwo in Frankreich verborgen wird) oder die astronomischen Tafeln der Chaldäer lassen ebensowenig einen Zweifel an dieser Tatsache zu wie das Zeugnis der Überlieferungen

des ganzen Erdballs und das gleichzeitige Auftreten zahlreicher Venus-Götter. Das Datum könnte von Fachleuten mit Genauigkeit errechnet werden: es liegt ungefähr 5000 Jahre zurück.
Das zweite Ereignis, dem unser Interesse gilt, die große Sintflut, ist zeitlich genau festgelegt. Es wird auch von der Mehrheit der Gelehrten grundsätzlich nicht geleugnet, doch geraten Prähistoriker und Astronomen in größte Verlegenheit, sobald man versucht, sie darüber näher auszufragen. Nun wurden aber in den letzten Jahren auf dem Gebiete der Geologie und vor allem der Glaziologie, also der Gletscherforschung, erstaunliche Fortschritte erzielt: Es konnte eindeutig bewiesen werden, daß die Sintflut stattgefunden hat, und es wurden Fakten gesammelt, die ihre Datierung ermöglichten.
Den Prähistorikern liegt allerdings wenig am wissenschaftlichen Beweis für diese Katastrophe, die einem Weltuntergang gleichkam, wirft sie doch ihre Theorien über den Haufen, die sich auf eine dunkle Abstammung des Menschen vom Affen und auf Paläolithikum und Neolithikum gründen, wogegen ich schon in anderen Büchern mit mathematischen Beweisen zu Felde gezogen bin.
Die Astronomen ihrerseits hatten ein für allemal erklärt, daß die Ordnung der Planeten seit mehreren Jahrtausenden keine nennenswerte Störung erfahren hat. Der Einbruch der Venus in unseren Himmel bedeutet daher für sie eine unerwünschte Belästigung. Überdies waren die Historiker zu allen Zeiten Sklaven einer wissenschaftlich nicht begründeten, dafür aber dogmatischen, religiösen Mythologie. Sie dürfen daher – wollen sie nicht der Häresie geziehen werden – keine Tatsachen akzeptieren, die mit der Bibel nicht in Einklang stehen.
Da ich nun aber der Meinung bin, daß die Geschichte der Menschheit von der Sintflut bis zur christlichen Ära verfälscht wurde, möchte ich in aufrichtiger Betrachtungsweise einige Berichtigungen vornehmen und neue Thesen darlegen, die mit den Tatsachen übereinstimmen. Der Ausgangspunkt dieser Thesen ist die Sintflut, denn sie hat die Welt vollkommen umgemodelt. Sie ist das echte Jahr 1 der heutigen Menschheit.

Licht in die Höhlen von Lascaux

Die ganze zivilisierte Welt kennt dieses Wunder: die Höhlen von Lascaux in der Dordogne, wo eine Unzahl wunderbarer Felsmalereien aus der Zeit des Magdalénien den Betrachter in Erstaunen versetzt.

Die Linienführung der Bilder ist klar und genau. Sie beweist eine Beobachtungsgabe und ein Nachempfinden der Bewegung, wie sie nicht einmal unseren Renaissancemalern eigen waren. Die Farben sind so gleichmäßig verteilt, daß zum Beispiel die Mähnen der Tiere wie mit der Farbspritzpistole gemalt aussehen.

Wer sollen die Künstler gewesen sein? Die geistig minderbemittelten Troglodyten des Magdalénien! Und sie haben angeblich diese fabelhafte Gemäldegalerie einzig und allein geschaffen, um ihr Wissen und ihre künstlerische Begabung unter Beweis zu stellen.

In den ersten Prospekten über die Höhlen von Lascaux war das Alter der Fresken mit 25 000 bis 30 000 Jahren angegeben. Doch nach und nach wurden die Malereien immer näher an unsere Zeit herangerückt: 15 000 bis 20 000 Jahre ... Und jetzt schon 12 000 Jahre!

Irren ist menschlich und diese Freiheit in der Datierung durchaus verständlich; unverzeihlich ist hingegen, daß man aus dieser epochalen Entdeckung nicht die entsprechenden Lehren ziehen konnte oder wollte. Denn eines muß jedem ehrlichen Betrachter ins Auge springen: Wenn jene Menschen des Magdalénien so kunstvoll zu zeichnen und zu malen verstanden, konnten sie unmöglich primitiv und geistig wenig entwickelt gewesen sein.

In der Ethnologie gibt es eine oftmals bestätigte Erkenntnis, wonach mit dem Auftreten der Kunst und insbesondere dem der Malerei als Selbstzweck (die Fresken von Lascaux haben keinen erkennbaren magischen Zweck) eine Kultur an jenem entscheidenden Punkt angelangt ist, der den Beginn der großen Erfindungen ankündigt: landwirtschaftliche Geräte, Städtebau, Rüstungsindustrie und andere. Es darf kein Zweifel darüber bestehen, daß die Menschen von Lascaux als Schöpfer solch erstaunlicher Kunstwerke zumindest in der Lage waren, eine Steinmauer beziehungsweise ein Haus mit einem Herd zu erbauen. Und es besteht weiter kein Zweifel darüber, daß sie ein oder zwei Jahrhunderte später zur Metallschmelzung, zur Landwirtschaft, zur Viehzucht und zur Erbauung steinerner Städte gestoßen wären. In 1000 Jahren hätten sie das Schießpulver und die Buchdruckerkunst erfunden und mit dem Fahrzeugbau begonnen ... In 2000, in 3000 Jahren hätten sie unser Wissensstadium erreicht: Sie hätten Autorennen und sportliche Wettkämpfe veranstaltet, sie hätten Raketen gestartet ...

Da sprechen also alle Anzeichen dafür, daß sich in naher Zukunft eine Kultur entfalten, eine Epoche der großen Erfindungen anbrechen wird, aber es geschieht absolut nichts! Und nicht nur das: Anstatt das Schießpulver und das Fahrrad zu erfinden, sind die

Menschen von Lascaux sogar völlig verschwunden. Den plötzlichen und vollständigen Stillstand der Kultur des Magdalénien, jener Menschen, die mit Hut, Hose, Westen und Schuhen bekleidet waren und herrliche Höhlenmalereien schufen, erklärt nur ein Grund wirklich ausreichend: eine Katastrophe riesigen Ausmaßes hat alles vernichtet.

Glaubwürdige Zeugen

Die Überlieferungen aller fünf Erdteile, sowohl im europäischen Abendland als auch bei den Hebräern, Chaldäern, Indern, Irokesen, Sioux, Mayas, Inkas, den Schwarzen Afrikas und Mestizen Ozeaniens, berichten ausführlich über eine große Sintflut. Eine solche Übereinstimmung macht es höchst unwahrscheinlich, daß Menschen, die auf abgeschnittenen Inseln oder auf so weit voneinander entfernten Kontinenten lebten, eine Legende erfunden haben könnten, die in ihren Einzelheiten analog oder identisch wiederkehrt.

Wer leugnet, daß unser Erdball in vorgeschichtlichen Zeiten oft und oft von inneren oder kosmischen Katastrophen erschüttert wurde, behauptet gleichzeitig, daß das Erkalten des Planeten auf magische Weise zustande kam, wobei sich die Gebirge ganz brav und langsam erhoben und die Abgründe so auftaten, daß der Schlaf der Fische nicht gestört wurde. Man müßte dann auch annehmen, daß Kometen nicht mit Planeten zusammenstoßen können, daß sich keine neuen Sterne bilden – kurz, daß das ganze Universum eine Präzisionsuhr ist, in der kein unvorhergesehenes Ereignis, geschweige denn eine Explosion stattfinden kann. Es gibt wohl keinen Gelehrten, der eine solche These vertreten würde. Es haben also zahlreiche Erschütterungen stattgefunden; man begegnet ihnen beim Studium der verschiedenen kosmischen, meteorologischen und geologischen Phänomene.

Die Quasars

Die Quasars oder Quasi-Sterne sind relativ kleine Himmelskörper. Vom Rauminhalt betrachtet liegen sie im allgemeinen zwischen dem Stern und der Galaxis, senden aber – im Vergleich zu unserer Milchstraße – eine ungeheure Energie aus. Die Schwankungen der Leuchtkraft des Quasars 3 C 273 scheinen zu beweisen, daß sich die

Quasi-Sterne periodisch ausdehnen oder zusammenziehen, so als würden sie Verluste oder Gewinne unseres Universums kompensieren, sozusagen die Rolle kosmischer Regulatoren spielen.
Dieses Phänomen hat den englischen Astrophysiker Fred Hoyle eine zwar phantastische These aufstellen lassen, die aber mit der Überlieferung übereinstimmt. Der Schriftsteller André Schubnel erklärt sie folgendermaßen:
»Seit mehr als 10 Milliarden Jahren hat das Universum schrittweise höhere Organisationsniveaus erreicht: Galaxis, Stern, Planet, Leben. Doch eines Tages wird diese ganze Materie wieder zu Atomstaub werden, und alles wird neu beginnen, doch ohne uns . . . Auf eine Zeit des Aufbaus folgt eine Zeit der Selbstzerstörung, und dieser Rhythmus setzt sich ohne Ende fort . . .«
Nach dieser Theorie hängt die Masse eines beliebigen Körpers vom globalen Inhalt des Universums ab, der seinerseits Schwankungen (Expansion, Explosion, Reorganisation) unterliegt. In diesem Falle ist es nicht erstaunlich, daß unser kleiner Erdball periodisch Sintfluten und andere Umwälzungen erlebt, die den kosmischen Schwankungen entsprechen.
»Das Studium der geologischen Phänomene beweist den Ablauf von Zyklen«, schrieb der Prähistoriker Furon. Der Glaziologe Milankowitsch wiederum führt das Phänomen der Vergletscherung auf eine außerirdische Ursache zurück: die Zyklen der Sonnenstrahlung.

Die Meteoriten und die Sintflut

Jahr für Jahr fallen Tausende Meteoriten auf unsere Erde. Ihre Masse schwankt zwischen einigen Gramm und mehreren Tonnen. Nach den Statistiken soll alle 7000 bis 8000 Jahre ein mehrere tausend Tonnen schwerer Meteorit die Erde in ihrer Ruhe stören. Wie leicht kann da eine Sintflut ausgelöst werden!
Man hat errechnet, daß ein Meteorit mit einem Durchmesser von 50 km, der auf der Höhe des Kap Verde ins Meer niederginge, eine Springflut bewirken würde, die sämtliche Hafenanlagen des Atlantischen Ozeans zerstören könnte.
Fiele er aufs Festland, würde er eine weltweite Katastrophe auslösen. Er könnte sogar die Pole abgleiten lassen, denn ihr Gleichgewicht – insbesondere das des Südpols – ist nicht sehr sicher. Bei einem Meteoritendurchmesser von über 100 km käme es automatisch zu einer weltweiten Sintflut.

Außerdem muß man auch die Wahrscheinlichkeit in Betracht ziehen, daß ein Komet oder ein Asteroid mit unserem Planeten kollidiert. Dies kommt gar nicht so selten vor, wie man meinen möchte: Im Jahre 1966 gaben verschiedene Astrophysiker, darunter auch S. T. Butler, Professor an der Universität von Sydney, ihren Befürchtungen Ausdruck, daß der »Ikarus« getaufte Asteroid mit der Erde zusammenstoßen könnte. Das – zugegebenermaßen ziemlich unwahrscheinliche Ereignis – hätte im Juni 1968 eintreten sollen. Ikarus war nicht sehr groß, und seine Bahn verlief ungefähr 7 Millionen km von der Erde entfernt, aber seine Sprengwirkung wäre gleich jener von tausend H-Bomben gewesen. Zweifellos gab es zahlreiche Ikarusse im Leben unseres Sonnensystems; nicht alle trafen ins Schwarze, aber manche dürften doch gewaltige Zusammenstöße bewirkt haben.
Schließlich sei auch noch erwähnt, daß um unsere Erde mehrere Asteroiden kreisen, die wahrscheinlich die Überreste eines explodierten Planeten sind:

Hermes: Durchmesser 1200 m.
Adonis: sackförmiger, herumirrender Felsen; 400 m Länge.
Amor: einige hundert Meter langer, herumirrender Felsen.
Eros: hantelförmig, 40 km lang.
Der *Halleysche Komet,* der im Jahre 1986 an der Erde vorbeifliegen wird.

Es kann nicht ausgeschlossen werden, daß ein besonders stoßkräftiger Asteroid die Erde getroffen und damit die Sintflut ausgelöst hat.

Geheimnisvolle Steine

Es ist schwierig, die größten Meteoriten der Erde zu identifizieren: Entweder sie liegen auf dem Meeresgrund, oder sie haben schwer erkennbare Hügel oder Felsenansammlungen gebildet, oder aber sie ruhen unter der Erde, am Boden der Krater, die sie gebildet haben.
Es gibt folgende große Krater auf der Erde:

Ungava-Crater (Labrador): 3350 m
Meteor Crater (USA): 1300 m
Wolfe Crater (Australien): 853 m
Aouelloul (Mauretanien): 250 m
Henbury (Australien): 220 m

Die größten Meteoriten wurden an folgenden Orten gefunden:

Cap York (Grönland): 36 000 kg
Bacubirito (Mexiko): 27 000 kg
Otumpa bei Tucuman (Argentinien): 15 000 kg. Man hielt ihn für ein Erzlager.
Villamette (USA): 14 000 kg
Bendego (Brasilien): 9000 kg
Krasnojarsk (UdSSR): 375 kg
Paragould (USA): 338 kg
Molina (Spanien): 116 kg

Die geheimnisvollen, auf die Erde gefallenen Steine wurden von den alten Völkern *ceraunia, Gewittersteine, Baetyle* oder *lebendige Steine* genannt. Man schrieb ihnen verschiedene Eigenschaften zu, zum Beispiel, daß sie »beim Klang der Trompete auf dem Wasser schwimmen« konnten oder, was noch wunderbarer war, daß sie sich in die Erde bohrten, sobald man gottlose Namen aussprach. Man glaubte sie von Göttern bewohnt, weshalb man sie in Tempeln aufbewahrte oder an ihrem Fundort verehrte. Hier eine Liste der berühmtesten Meteorsteine der Welt:

- Die schwarzen Steine des *Sonnentempels* auf der Insel des Titicacasees. Die Mutter der Menschheit, Orejona, soll sie von der Venus gebracht haben.
- Die drei schwarzen Steine der *Kaaba* in Mekka, die Engel vom Himmel gebracht hatten.
- Der *Stein des Apollo,* schwarz, hart und schwer. Helenos, Sohn des Priamos und berühmter griechischer Seher, kannte angeblich die Zukunft durch den Zauber eines Steins, den ihm Apollo geschenkt hatte. Um den Spruch der Götter zu erhalten, mußte Helenos – so berichtet die Legende – den Stein über seinem Haupt bewegen und Anrufungsformeln aufsagen. Dann sprach der Stein mit sonderbar dumpfer Stimme und weissagte die Zukunft.
- Der *Stein der Kybele* auf dem Berg Ida (Phrygien, östlich vom alten Troja).
- Die *Mutter der Götter* in Pessinus (Phrygien), aber auch auf Kreta und im siebentorigen Theben. Kult der Kybele-Astarte.
- Der *Stein der Diana* in Ephesos. Nach der Überlieferung sollen die Statue der Göttin und die Steine des Tempels vom Himmel gefallen sein. Verehrt wurde Diana-Artemis, das heißt also: die Venus und nicht der Mond, wie später behauptet wurde. Diana

(diano = Morgenstern) war die Schwester Apollos, der wiederum der Gott Gwyon und Bel-Heol der Kelten, der Hermes der Ägypter war.

- Der *Ancylus* der Römer, ein Eisenklumpen, der unter der Regierung von Numa Pompilius (um 700 v. Chr.) niedergegangen ist. Nach einer Prophezeiung der Sibyllinischen Bücher sollte sein Verlust den Untergang Roms ankündigen.
- Der *Stein von Argos,* der 465 in der Provinz Thrazien niederging, ließ den Philosophen Anaxagoras glauben, daß das Himmelsgewölbe wie eine Steinmauer beschaffen sei, aus der von Zeit zu Zeit Stücke ausbrechen.
- Der *Elagabal* von Emesa in Syrien. Es war ein schwarzer konischer Stein, der von den Phöniziern verehrt wurde. Varius Avitus Bassianus übernahm von ihm seinen Kaisernamen: Heliogabal, zur Erinnerung an den Tempel, in dem angeblich die Sonne verehrt wurde.

Auch hier gab es wieder einmal eine willkürlich falsche Interpretation: Der Stein von Emesa hatte keinen Bezug zum Sonnenkult (Elah Gabala), sondern zu einem unbekannten Kult, in dessen Mittelpunkt wahrscheinlich Asima stand, die Gottheit der nahe gelegenen Stadt Hamath.

Neben diesen berühmten Aerolithen sind auch noch jene magnetischen Berge erwähnenswert, deren wenig oxydiertes Eisen glänzend schwarz und kompakt ist und mit seinen zwei Polen wie ein natürlicher Magnet wirkt. Die bekanntesten sind jener von Dannemora (Schweden), nordöstlich des Vättersees, der Taberg, südlich desselben Sees, und der Utoë (Finnland).

Sintflut vor 12 000 Jahren

Noch vor 15 Jahren nahm man an, daß sich die letzte Eiszeit (die sogenannte Würm-Eiszeit) bei sehr langsamem Schmelzen der Eismassen über einen Zeitraum von 100 000 bis 150 000 Jahren erstreckt hat.

Auf Grund der jüngsten Forschungsergebnisse bedeutender Glaziologen, wie zum Beispiel S. Jelgersma, V. Romanowsky und André Cailleux, kann man heute gewisse grundlegende Feststellungen treffen:

1. Die letzte Eisschmelze (nach dem letzten Eismaximum) hat vor ungefähr 12 000 Jahren (auf 2000 Jahre genau) stattgefunden.

2. Sie war sehr plötzlich und wurde wahrscheinlich durch den Aufprall eines Asteroiden auf unserem Planeten oder durch ein kosmisches Phänomen mit ähnlicher Wirkung – zum Beispiel das Vorbeiziehen eines Kometen – ausgelöst.
3. Das Phänomen war ein weltweites, da alle Gletscher der Pole gleichzeitig schmolzen. Die Erde wurde von einer riesigen Springflut überrollt.

Daneben sind die Geologen zur Gewißheit gelangt, daß sich um das Jahr 10 000 v. Chr. (also vor 12 000 Jahren) die Ablagerungsgeschwindigkeit auf dem Meeresgrund beträchtlich verlangsamt hat, während gleichzeitig eine plötzliche Klimaveränderung die ganze Erde betraf.
Die These einer weltweiten Sintflut, die durch das plötzliche Schmelzen und Abgleiten des Polarmassivs ausgelöst wurde, ist also eine gutfundierte und zeitlich festgelegte Tatsache. Ihre Wirkung war so verheerend, daß die Menschheit fast vollständig vernichtet wurde, mit Ausnahme der kleinen Gruppen, die auf den Hochplateaus verstreut lebten und von den Wassermassen nicht erreicht werden konnten.

Die Sintflut ist also für uns aus dem Stadium der Hypothese herausgetreten und zu einer historischen Gewißheit geworden. Ich hätte für sie den Ausdruck *Diluvium* (lateinisch Überschwemmung, Wasserflut) gebraucht, wenn er nicht von den Geologen als Bezeichnung der im Quartär aufgeschwemmten Bodenschichten verwendet würde.

Um das Jahr 10 000 vor unserer Zeitrechnung umgab das Inlandeis (damals weniger bedeutend als heute) das *Green Land* der Hyperboreer, in dem nach der Überlieferung eine überaus hochentwickelte Kultur bestand, zu entwickelt sogar, kann man sagen, denn ihr Wissen hat sie hochmütig und gefährlich gemacht. Und sie wurden wieder zu dem Staub, aus dem sie hervorgegangen sind.

Die Überlieferungen versichern, daß die Katastrophe mit einem ungeheuren Brand des Planeten begann. Die Menschen wurden bei lebendigem Leibe geröstet oder ertranken, manche mutierten auf Grund verstärkter kosmischer Strahlung und verwandelten sich (nach dem mexikanischen Popol Vuh und der griechischen Mythologie) in Tiere.

Dieser Feuerregen, der dem Einbruch der Wassermassen voranging, könnte mindestens vier Ursachen gehabt haben:

1. Vorüberziehen eines Kometen, leichter Zusammenstoß oder Berührung mit der Erde, Meteoritenregen oder Explosion der Asteroiden.
2. Vulkanausbrüche.
3. Kernexplosion oder Atomkrieg, ausgelöst durch die Bewohner der Erde.
4. Allzu heftiges Signal von außerirdischen Kulturen, die die Aufmerksamkeit der Erdbewohner wecken wollten. Schock einer riesigen Rakete, die in den USA oder in der Mongolei niederging. Eine Explosion, wie sie 1908 in der Taiga stattfand, nur sehr viel stärker.

Das Inlandeis bricht aus seiner Verankerung, es stößt die Berge Skandinaviens um, hobelt die Kontinente ab und ergießt sich schließlich in die Ozeane.

Das Keltenreich wird durch den Ärmelkanal getrennt. Im Norden entsteht England, die Insel Man und Irland, im Süden Gallien. Ein großer Teil Britanniens und Aquitaniens wird von den Wassern überflutet. Überall auf der Erde bietet sich das gleiche Bild: Kontinente tauchen aus den Abgründen auf, andere versinken, entweder von der sich öffnenden Erde verschlungen oder von abgleitenden Gebirgsmassen niedergewalzt. Unser Planet ist nur mehr eine unbestimmbare Masse rauchenden Magmas, ein Hexenkessel, in dem unter Getöse, Brausen und chaotischen Wirren das neue Antlitz der Erde geboren wird.

Haben nicht die alten Völker die Katastrophe genauso beschrieben? Muß sie sich nicht vor den entsetzten Augen der Überlebenden so und nicht anders abgespielt haben? Denn es wurden nicht alle vernichtet. Aus dem Chaos, wo Feuer und Wasser um die Wette wüten, ragen einige Rettungsinseln empor, die von den Naturgewalten so gut wie verschont bleiben. Diese Inseln sind die fünf Hochplateaus der Erde, deren durchschnittliche Höhe bei 2000 m liegt und deren Gipfel 4000 m übersteigen.

Wellen bis in 2000 Meter Höhe

Nach meiner Schätzung brandeten die Wellen während der Sintflut je nach Breitengrad bis in Höhen zwischen 2000 und 4000 m. Mehrere Faktoren unterstützen diese These:

1. Die Menschheit wurde fast völlig vernichtet, es gab aber doch einige Überlebende; daher muß man annehmen, daß die Wassermassen die Hochplateaus verschonten, auf denen einige vom Schicksal wenig begünstigte Menschen lebten: Jäger, Hirten, Holzfäller. Insgesamt wenig repräsentative Vertreter der vorsintflutlichen Kultur.
2. In den Überlieferungen heißt es, daß nur jene entkamen, die auf die hohen Berge klettern konnten. Nun ist es aber wenig wahrscheinlich, daß die Bewohner der Täler Zeit gehabt hätten, einen Anstieg vorzunehmen, der im allgemeinen mehrere Stunden, wenn nicht gar Tage mühsamen Wanderns erforderte; denn wir wissen, daß das Ansteigen des Wassers sehr plötzlich vor sich ging.
3. Die Bibel berichtet, Noah habe sich auf den Berg Ararat gerettet; der babylonische König Xisuthros setzt seine Arche auf den Korkoura; der Manu der Inder geht in das Himalaja-Massiv; der südamerikanische Bochicha flüchtet auf den Altiplano der Anden, und Coxcox, der mexikanische Noah, in die Sierra Madre. Die Indianer Nordamerikas sprechen von den Rocky Mountains, und die afrikanischen Stämme nennen das äthiopische Hochland als Sammelort ihrer Geretteten. Alle diese Berge haben Gipfel, die über 4000 m liegen.

4. In Zentralasien sind in einer Höhe von 4000 m Elefanten im Eis aufgefunden worden. Man muß daraus schließen, daß die Sintflut eine starke Faltung der Erdkruste bewirkt hat. Die Elefanten gingen in diesen Umwälzungen zugrunde und wurden in der Folge in der nachsintflutlichen Eisbildung gefangen.

Fünf Rettungsinseln

Man betrachte einen Globus und stelle sich vor, daß die ganze Erde von Wellen überschwemmt wird, die bis zu einer Höhe von 4000 m ansteigen und alles verwüsten. Was wird dann wohl von der Katastrophe verschont bleiben?
Ganz deutlich ragen fünf Hochplateaus heraus:
- das mexikanische Hochland
- der peruanische Altiplano
- das abessinische Hochland
- das iranische Hochland
- das Himalaja-Massiv.

Gewiß, es gab noch einige Inselchen oder Gipfel, auf die sich ein paar Menschen retten konnten – ich denke hier insbesondere an Grönland, wo die Sturmflut noch nicht ihre ganze Gewalt erreicht hatte, da sie vom Nordpol ausging. Aber praktisch wirklich verschont von der Sintflut konnten nur diese fünf Hochplateaus der Erde geblieben sein.
Von wo lassen nun Geologen und Archäologen übereinstimmend die menschlichen Rassen ausgehen?
- Die rote Rasse von Peru und Mexiko*
- die schwarze Rasse von Abessinien
- die weiße Rasse vom Iran
- die gelbe Rasse vom Himalaja.

Es sei nochmals betont: von diesen hochgelegenen Gebieten und von nirgendwo sonst, nicht etwa von den Tälern, in denen doch logischerweise die Menschheit hätte entstehen müssen. Ist das nicht erstaunlich?
Wenn die Wiege der Menschheit nicht in den reichen Ebenen von Les Eyzies, der Touraine, der Ukraine oder Floridas gestanden ist, so deshalb, weil es einen zwingenden Umstand gab, der schuld daran war, daß die Menschheit nur von den hohen, unfruchtbaren

* Dies dürfte zum Teil ein Irrtum sein, da die alten Mexikaner erwiesenermaßen von den Rocky Mountains ihren Ausgang genommen haben.

Bergen einen neuen Ausgang nehmen konnte. Einzig eine weltweite Sintflut liefert hierfür eine zufriedenstellende Erklärung: Diese Feststellung beweist ganz klar, daß eine Katastrophe stattgefunden hat, die nur ganz wenige am Leben ließ, was auch von den Überlieferungen bestätigt wird.

Es gab nur wenige Überlebende

Die große Sintflut, der die Ogygische Flut der griechischen Mythologie entspricht, vernichtete nahezu die gesamte Menschheit.
Alle Überlieferungen berichten von Sintfluten und geben die Zahl der Geretteten übereinstimmend als sehr gering an:
- 8 nach der Bibel;
- 2 bei der Flut unter Deukalion in der griechischen Mythologie;
- 2901 Überlebende in der persischen Mythologie;
- 2 bis 6 Gerettete in der assyrisch-babylonischen Sintflut (die Venus zugeschrieben wurde);
- 10 bis 100 in der chaldäischen Flut unter Xisuthros;
- 1 Überlebender in der Sintflut von Manu im Catapatha-Brâhmana;
- 4 oder 5 in einer griechischen Version, nach der die Ogygische Flut vor der Flut des Deukalion stattfand;
- 8 in der Sintflut von Manu (Mahabharata);
- 8 in der Sintflut des Satyavrata;
- 2 in der Sintflut der Kymris (belgische Kelten);
- 2 in den skandinavischen Eddas;
- 2 in der Sintflut der Litauer;
- 2 nach den Überlieferungen der Canaris am Äquator;
- 50 bis 100 in der Sintflut des Bochia (Kolumbien);
- 50 bis 100 in der Sintflut der Chichimeken während des ersten Zeitalters, das *atanotiuli* (Sonne des Wassers) genannt wurde.

Es wird betont: weltweite Sintflut;
- 2 in der mexikanischen Sintflut von Coxcox;
- 4 in den brasilianischen Überlieferungen;
- einige Überlebende in Neu-Kaledonien, bei den Inkas und anderen Völkern.

Es versteht sich, daß die Zahlenangaben der verschiedenen Überlieferungen nicht wörtlich zu nehmen sind. Doch eines lassen sie von Ost nach West und von Nord nach Süd alle erkennen: Die Zahl der Überlebenden war äußerst gering.
Die meisten Tiergattungen konnten sich retten, weil sie wahr-

scheinlich eine Vorahnung der Gefahr hatten. Diese Vorahnung ist rational nicht erklärbar, denn sie entzieht sich der wissenschaftlichen Kontrolle und Analyse. Dennoch ist sie eine erwiesene Tatsache.
Die Legende von der Arche Noah entbehrt zwar nicht jeder Grundlage, doch erklärt sie nicht das Überleben der Tiere. Denn es ist gewiß, daß diese Arche – hätte es sie wirklich in der beschriebenen Form gegeben – über perfekte wissenschaftliche und technische Einrichtungen verfügt haben müßte, wie sie unsere modernsten Wetterbeobachtungs- und Forschungsschiffe haben. Um diese Vielzahl verschiedenster Tiergattungen vor der Vernichtung zu schützen, die entweder gegen Kälte oder Hitze, gegen Feuchtigkeit oder Trockenheit empfindlich sind, um die Schafe von den Wölfen zu trennen, jedem die ideale Temperatur und eine geeignete Nahrung zu sichern, hätte man sich unbedingt der Elektrizität, wenn nicht der Elektronik bedienen müssen.

Das Geheimnis Ägypten

Ein anderes Rätsel, das sich allerdings diesmal auf die Menschheit bezieht, erweckt ebenfalls unsere Neugierde: der »Fall Ägypten«. Bis zum Jahre 4000 vor unserer Zeitrechnung gab es auf der Welt keine erwähnenswerte Kultur, mit Ausnahme der ägyptischen. Aus weiter zurückliegenden Zeiten scheint es unmöglich, Spuren einer Architektur zu finden (mit Ausnahme der Höhlen), da die Sintflut die Kontinente überschwemmt und besonders in den Tälern alle Zeugnisse menschlichen Schaffens vernichtet hatte.
Die Sintflut wird von den Indern, Babyloniern, Chaldäern, Hebräern, den nordischen Völkern und amerikanischen Indianern ausführlich erwähnt. Nur von den Ägyptern wird sie praktisch völlig verschwiegen, was vielleicht die Prähistoriker zur Annahme verleitete, sie habe gar nicht stattgefunden. Es sieht so aus, als hätte die Bevölkerung am Nil die Sintflut nicht gekannt. Dies wäre auch möglich, weil das Niltal nur 12 000 Jahre alt ist; vorher mündete der Fluß nicht ins Mittelmeer*.
Es war also ein vollkommen neues Land, in dem vor rund 8000 Jahren die älteste unserer historischen Kulturen entstand. Dies erlaubt den Schluß, daß sich kurze Zeit nach der Sintflut Hyperbo-

* In Wahrheit lebte die Überlieferung von der Sintflut auch in Ägypten weiter, sie hat sich aber in den Jahrtausenden mit religiösen Mythen vermengt.

reer oder Atlanter in den Tälern am Nil niederließen. Kamen sie vom Himmel wie die »Engel« der Bibel? In der ägyptischen Mythologie findet sich keine Erwähnung eines solchen Eingreifens, wohl aber scheint die geflügelte Scheibe wie bei den Assyrern und Babyloniern als geheimnisvolles Zeichen auf den meisten Tempeln auf. Dieses Symbol soll aber nur 5000 Jahre alt sein und aus der Zeit stammen, als die Götter auf fliegenden Schlangen in Phönizien und Assyrien landeten.
Die Zivilisatoren konnten also nur vom nahen äthiopischen Hochland gekommen sein, das von Schwarzen bewohnt war. Doch ist es ausgeschlossen, daß jene Überlebenden, die Hirten, Holzfäller und Jäger waren, über die notwendigen Kenntnisse und geistigen Fähigkeiten verfügten, um die versunkene Kultur zu neuem Leben zu erwecken.
Man kann daher annehmen, daß sich Wissenschaftler unter ihnen befanden, was damit erklärt werden könnte, daß sich in Äthiopien eine strategische oder wissenschaftliche Station befand, ähnlich den Laboratorien, die heute auf mehreren hochgelegenen Punkten der Welt bestehen: auf dem Mount Wilson, dem Mount Palomar, dem Pic du Midi und anderen.
Ein solcher Stützpunkt war sicher wohlausgerüstet und mit Lebensmitteln versorgt, damit man dort zumindest einige Monate leben konnte. Als die Erde wieder zur Ruhe gekommen war, stiegen die Überlebenden in freundlichere Gebiete hinab und ließen sich im einladenden Niltal nieder.
Gewiß mußten die Menschen große Schwierigkeiten überwinden; wahrscheinlich waren sie Strahlungen ausgesetzt, sicher gab es infolge der Katastrophe Seuchen und einen Mangel an frischen Lebensmitteln. Doch es steht fest, daß einige Menschen die Sintflut überlebt haben, und jene in Äthiopien befanden sich eigentlich in einer bevorzugten Situation. Das »ägyptische Wunder« in Wissenschaft und Kunst kann nur in einer solchen Hypothese seine Erklärung finden.
Nach 5000 oder 6000 Jahren kultureller Entfaltung im Niltal von Theben bis Sais hatten die Ägypter die Schrecken der Sintflut fast völlig vergessen. Dies um so leichter, als für sie Überschwemmungen ein Geschenk des Himmels waren.
Nach meiner Theorie gehörten die Überlebenden des äthiopischen Hochlands zwei sozialen Schichten an: Es waren einerseits Wissenschaftler und anderseits wenig gebildete schwarze Eingeborene. Wenn die Katastrophe nicht vorhergesehen werden konnte, dürften die atlantischen Wissenschaftler nur Männer gewesen sein. Um den

Fortbestand ihrer Rasse zu sichern, mußten sie mit einer Schwarzen Kinder zeugen.
Da in den Berichten über die Sintflut nur von Männern die Rede ist, kann geschlossen werden, daß sich ganz wenige Frauen unter den Überlebenden befunden haben. Vielleicht gab es überhaupt nur eine auf jedem Kontinent; daraus würde sich die große Wertschätzung erklären, die die ersten nachsintflutlichen Menschen der Frau entgegenbrachten, der Mater, von der die neue Menschheit ausging.
Dieser Weltuntergang, begleitet vom Feuer des Himmels und dem Einbrechen der Wassermassen, stimmt auf wunderbare Weise mit dem moralischen Verfall der Menschen überein, wie er von den alten Texten bestätigt wird. Aber gerade die erstaunlichen Übereinstimmungen entsprechen den universalen Gesetzen, an die unser Menschenschicksal gebunden ist.
Die Zeit der kosmischen Katastrophen naht immer dann, wenn die Kulturen zu hoch entwickelt, zu gefährlich geworden sind: es kommt unweigerlich zur Explosion. So wie die Frucht beim Wintereinbruch verfault, so verfault und zerbricht der Mensch, wenn ein neuer kosmischer Zyklus naht.
Diese These stimmt mit den Evolutionsgesetzen überein, an die sich sogar die Natur hält. Es wäre sinnlos, wenn die Revolution stattfände, bevor die Kulturen reif sind. Es wäre unlogisch, verwirrend; vernünftiger ist die Annahme, daß alles von oftmals dunklen, aber immer wissenschaftlich fundierten universalen Gesetzen geregelt wird.

Die Entwicklung der Menschheit

1. Vor dem Jahr 10 000 vor unserer Zeitrechnung wird der Planet Erde von zwei feindlichen Blöcken beherrscht: Atlantis und Mu.
   Um das Jahr 10 000: Feuerregen und große Sintflut.
   Die Menschen werden von tödlichen Strahlen bedroht. Fast alle ertrinken.
   Einige Gerettete überleben auf den fünf Hochplateaus der Erde.
   Kontinente versinken, andere steigen aus den Abgründen auf.
   Die vorsintflutliche Menschheit bestand aus den Atlantern und den Bewohnern von Mu. Sie waren Nachkommen der *ersten* Initiatoren (»Engel« der Bibel oder Hyperboreer), von denen eine kleine Kolonie vielleicht in Grönland wohnte.
   Zu diesen beiden Hauptgruppen kamen noch irdische Ureinwohner (wahrscheinlich Schwarze).

Die Menschheit geht nach der Sintflut von den fünf Rettungsinseln der Welt aus:
- die *Roten* (Atlanter) von den Rocky Mountains und den Anden;
- die *Schwarzen* (Ureinwohner) vom äthiopischen Hochland;
- die *Gelben* (Mu) vom Himalaja;
- die *Weißen* vom iranischen Hochland.

2. Im Jahre 3000 vor unserer Zeitrechnung schlägt ein Komet eine Sonnenumlaufbahn ein und wird zum Planeten Venus.
Die *zweiten* Initiatoren: Viracocha, Quetzalcoatl, Kukulkan, Baal kommen auf die Erde. Vielleicht sind es Flüchtlinge, die die Venus verlassen hatten, bevor sie aus ihrer ursprünglichen Bahn ausbrach. Vielleicht kommen sie auch von jenem unbekannten Planeten, der explodierte und Asteroiden bildete.
In diesem Punkt sind wir auf Hypothesen angewiesen; nur eines steht fest: Ein Komet verfing sich im Sonnensystem und wurde zum Planeten Venus. Gleichzeitig mit diesem bedeutenden kosmischen Ereignis, vielleicht auch in Zusammenhang mit ihm, treten in Phönizien, Assyrien, Babylonien, Peru und Mexiko hochentwickelte Zivilisatoren auf.

5 Initiation

»Wenn der Mensch erkannt werden möchte, dann sage er bloß, wer er ist. Wenn er schweigt oder lügt, stirbt er einsam, und alles rings um ihn ist dem Unglück geweiht.
Wenn er dagegen die Wahrheit spricht, wird er zwar auch sterben, zuvor aber den anderen und sich selbst leben geholfen haben.«

Albert Camus

Die Bevölkerungszahlen der fernen Vergangenheit und der Zukunft können mit Hilfe einer graphischen Darstellung geschätzt werden: Man setzt die bekannten Werte in ein Diagramm ein und verbindet sie zu einer Kurve. Die vermutlichen Bevölkerungszahlen in Vergangenheit und Zukunft ergeben sich aus der Verlängerung der Kurve nach beiden Richtungen.
Das ergibt folgende annähernde Zahlen: 3 Milliarden Menschen im Jahre 1968, 500 Millionen im 15. Jahrhundert, 300 Millionen zu Beginn unserer Zeitrechnung und nur wenige Bewohner zwischen den Jahren 8000 und 10 000 vor unserer Zeitrechnung, wo die Kurve fast bei Null liegt. In dieser Zeit unmittelbar nach der Sintflut lag die Bevölkerungszahl zwischen 10 000 und einer Million, wobei dies der weitestmögliche Spielraum ist.
Diese Feststellung beweist, außer der Tatsache einer weltweiten Katastrophe, daß der Mensch – im Gegensatz zu dem, was die Prähistoriker behaupten – nicht eine Million Jahre gelebt haben konnte, ohne seine geistigen Fähigkeiten in arithmetischer Progression zu vergrößern. Es müssen also zwangsläufig vor der Sintflut Kulturen bestanden haben, deren geistig hochstehende Überlebende alles daransetzten, das in ihnen noch lebende Wissen zu bewahren.
Diese ersten Wissensträger – nennen wir sie Eingeweihte – bildeten Initiationszellen, in denen die Priester nicht dem Zölibat unterlagen, ganz im Gegenteil. Sie waren gleichzeitig Hüter der Geheimnisse und Weitervermittler des genetischen Erbes. Von der Religion hing damals die Zukunft der Welt ab.

Erste Geheimnisse

Was wußte die neu aufstrebende Menschheit? Recht wenig, denn man kann sich gut vorstellen, was heute 200 oder 2000 Russen oder

Amerikaner wissen könnten, die eine Sintflut überleben. Die Chance, daß sich unter ihnen ein Atomwissenschaftler befindet, stünde 1:1 000 000. Und selbst wenn er überlebte, würde er in der Masse der Unwissenden untergehen und wüßte nicht, mit wem er sprechen, geschweige denn, wie er sein Wissen vermitteln könnte.

Als die Menschen einige Jahre nach der Katastrophe auf die Idee kamen, ein Inventar ihres Wissens zu erstellen, waren in ihrem Gedächtnis nur mehr einige Bruchstücke, manchmal gewisse Einzelheiten, niemals aber ein zusammenhängender und wissenschaftlicher Begriff der Dinge verblieben.

Gewisse Erinnerungen waren aber unauslöschlich in ihrem Gedächtnis verankert: die Sintflut, Maschinen, die in den Lüften flogen, eine Waffe, die alles vernichten konnte, ein Zauberbild, das auf einem Spiegel erschien, das Wort, das auf geheimnisvolle Weise von einem Ende der Welt zum anderen gelangen konnte. Und hier stoßen wir auf die wesentlichen Elemente ihrer Kulturen – und auch der unseren: Flugzeuge und Raketen, die Atombombe, Radio und Fernsehen, die Schrift ...

Diese Erinnerungen bilden zusammen mit anderen, weniger wichtigen, den Kern der antiken Initiation und der ständig abgeänderten, ausgeschmückten Geheimnisse, die sich die Eingeweihten vermittelten. Wir begegnen ihnen in zahllosen Formen, unter zahllosen Schleiern in der Überlieferung und in den Dokumenten, die auf uns gekommen sind.

In Peru zeichnen Menschen, die sich noch erinnern können, einen Motor und einen Raumanzug auf die Puerta del Sol; in Mexiko graviert jemand noch deutlicher, noch wissenschaftlicher, eine Rakete, die die Zwillingsschwester der Titan II und der Gemini VI sein könnte. Die Mayas erzählen im Popol Vuh von der gigantischen Zerstörung ihrer amerikanischen Welt, die Hindus berichten vom Atomkrieg, der Mu vernichtet haben dürfte; und die einen wie die anderen hinterlassen Beschreibungen von fliegenden Menschen, von wunderbaren Luftschiffen.

Eine andere Erinnerung bleibt auch noch erhalten, allerdings etwas undeutlicher: an »Götter«, die von einem anderen Planeten gekommen waren. Diese Initiatoren hatten Namen, von denen einige bis in unsere Zeit überliefert wurden: Azazel, Luzifer, Prometheus ... Wahrscheinlich sind sie nicht mehr ganz exakt, einige dürften auch erfunden worden sein. Ihre Ankunft lag sehr weit zurück, und so war es einfacher, sie »Götter«, »Engel«, »Bewacher«, »Heilige« oder ähnlich zu nennen. Von allen wird überliefert, daß sie das Feuer vom Himmel geraubt haben; alle hatten das

Wohl der Menschheit gewollt, alle waren unbekannter, aber sicher außerirdischer Herkunft.
Einige Jahrzehnte nach der Sintflut beginnen sich also die Menschen zu besinnen, ihr Wissen zu ordnen, manchmal aus dem Gedächtnis – mehr schlecht als recht – Maschinen zu zeichnen, deren Funktionieren sie nie verstanden haben. Diese Menschen haben wohl die Sintflut nicht selbst erlebt, sie waren Söhne oder Enkel der Überlebenden.
Die Geheimnisse werden von den Eingeweihten immer wieder mündlich weitergegeben, und man kann sich vorstellen, was aus der Beschreibung eines elektronischen Roboters, eines Fernsehapparates oder eines Düsenflugzeuges 100 oder 200 Jahre nach der Katastrophe wird, nachdem die Menschen begonnen haben, sich mit Tieren zu paaren.
Zu dieser Zeit beginnen die geistig nicht sehr hochstehenden Menschen, Legenden zu erfinden, und der Empirismus breitet sich als Entartung der ursprünglichen Wahrheiten aus. Aus diesem Empirismus entsteht auch die niedrige Magie, wie es sie heute noch bei manchen Völkern der Erde gibt.

Die geheimnisvolle Schrift

In seinem Buch »La Cléf des Choses Cachées« (Der Schlüssel zu den verborgenen Dingen) schreibt Maurice Magre:
»Gemäß einer Überlieferung, die mit jener von Agartha zusammenhängt, gab es nach der großen kosmischen Katastrophe, in deren Verlauf Atlantis versank, Menschen, die sich retten konnten und es sich zur Aufgabe machten, das ethische Erbe der Menschheit aufrechtzuerhalten.
Sie waren auf die Höhen des Himalaja geflüchtet. Dort vergruben sie die astronomischen Tafeln, die auf Metallblätter gravierten Dokumente, alles, was zu ihrem Wissen gehörte.«
Es ist so gut wie sicher, daß es unter den nachsintflutlichen Menschen eine einheitliche Sprache gab, zumindest unter den Gelehrten. Wenn es stimmt – wie oftmals behauptet wird –, daß in Peru, Tibet und in der Wüste Gobi auf Metall gravierte Dokumente verborgen sind, so müßten sie alle in jener geheimnisvollen Schrift verfaßt sein, die Sanchuniathon in den phönizischen Tempeln wiederfand.
Mehrere Worte dieser universalen Sprache sind uns überliefert: *mama* = Mutter; *dam* = die Frau oder Hausherrin in den Wedas

(*dam* ist älter als das wedische Sanskrit, das es »einer heute verlorenen Sprache« entnahm); *Div, dev, deva* = Gott (genauer: die Strahlenden).
In den spiritualistischen Sekten wird versichert, daß die Eingeweihten vor der Sintflut die Vorahnung oder die Kenntnis der nahenden Katastrophe hatten und daß sie einen sicheren Zufluchtsort fanden – in Tibet nach den einen, in den Pyramiden nach den anderen. Diese Behauptung scheint mir abenteuerlich, denn sie setzt voraus, daß die Eingeweihten lange im voraus vom Ende des irdischen Zeitalters gewußt und die Möglichkeit hatten, sich ein Obdach bauen zu lassen, das vor Erdbeben und Wassermassen Schutz bot. Und das ist wohl allzu unwahrscheinlich! Wir wissen heute, daß das Ende unseres Zyklus naht und daß ein Weltuntergang unweigerlich stattfinden wird. Doch wer wäre in der Lage, einen Unterschlupf mit den Ausmaßen der Cheopspyramide zu bauen oder Höhlen nach dem Beispiel von Agartha anzulegen? Man wäre auch vor die Wahl gestellt, entweder in Agartha oder im unterirdischen Heiligtum von Hawaii Schutz zu suchen. Wenn der Kontinent Mu vom Pazifik verschlungen wurde, wie kann man da annehmen, daß die Höhlen des Himalaja oder der Sandwich-Inseln unberührt geblieben sind?
Außerdem weist die Art der Geheimnisweitergabe darauf hin, daß die Mehrzahl der überlebenden Menschen von sehr durchschnittlichem geistigen Niveau waren. Vieles wurde nicht weitergegeben, zum Beispiel das Anspannen der Pferde und das Pfropfen.

Die Allwissenden

Leider gehört es in den meisten Sekten zum guten Ton zu glauben, daß die Eingeweihten von der Sintflut bis zum heutigen Tage eine ununterbrochene Kette aufrechterhalten haben: Durch mündliche Weitergabe, Gravierung in Stein oder schriftliche Aufzeichnung – hier allerdings in raffiniert verschleierter Form – sollen sie ihre sagenhaften Kenntnisse vermittelt haben.
Er hat die Gabe der Allgegenwart, er kann die psychischen Kräfte des Menschen bis ins Letzte ausschöpfen, und er könnte, wenn er es wollte, Kräfte freisetzen, die stärker sind als jene der Atombombe. So sieht der Laie den Eingeweihten: als unsichtbare und schweigsame Persönlichkeit, Bewahrer der Geheimnisse des Universums, Vertrauten Gottes und Allwissenden, dessen Wissen aber nicht auf die Probe gestellt werden darf.

Zweifellos gab und gibt es echte Eingeweihte: Pythagoras, Plato, Poincaré, Einstein, um nur einige Namen zu nennen. Ihr Wissen ist über jeden Zweifel erhaben. Wenn sie auch nicht alle die Gesamtheit ihrer Botschaft enthüllt haben, so haben sie doch Beweise ihres Wissens geliefert und einen ungeheuren Beitrag zur Entwicklung des Menschen geleistet.

Das Problem hat sich jedoch verlagert, weil die Initiation im Geiste der Empiriker fast ausschließlich zu einer Sache der Alchimie, einem Zahlen-Hokuspokus und einer undurchsichtigen Geheimniskrämerei geworden ist, die seit 2000 Jahren aus ihrem Fahrwasser nicht herauskommt.

In Wahrheit war der Eingeweihte zu allen Zeiten derjenige, der geduldig und weise durch seine Arbeit, seinen Fleiß und die Klarheit seiner Ausdrucksweise das teuflische Gespinst entwirren konnte, in das die Welt von den Verschwörungen des Bösen und des Unwissens verstrickt wurde.

Initiation ist Kenntnis: Zwar nicht von der Herstellung des Goldes und der schwefeligen Weisheit, die das Große Werk bringen würde, sondern von der Geschichte des Menschen, seinem möglichen Schicksal im Rahmen der wahrnehmbaren Welt, der er zugehört.

Der Mensch möchte wissen, woher er kommt, wohin er geht. Er möchte sehen, was um ihn ist, und das Wesentliche der verborgenen Dinge, der Genesis, der Wissenschaft, des Geheimnisvoll-Unbekannten entdecken. Die am weitesten auf diesem Pfad vordringen, sind allein die echten Eingeweihten.

Bis auf wenige Ausnahmen – Kenntnisse, deren Verbreitung wirklich gefährlich wäre – teilt der Eingeweihte sein ganzes Wissen mit, damit seine Erfahrung ins Allgemeingut übergehe. In diesem Sinne ist der Alchimist in des Wortes ursprünglicher Bedeutung nicht der schwefelumdampfte Anonymus, der angeblich Gold herstellen kann, sondern der Wissenschaftler, der in seinem Laboratorium zweifelsfrei Materie umwandelt.

Daneben bin ich aber trotzdem der Überzeugung, daß Wahrheiten verschwiegen, verfälscht oder verloren wurden. Denn wir wissen, daß so manches Symbol einen echten Schlüssel verdeckt, daß Mysterien ein Wissen verschleiern oder ersticken, das Millionen Menschen während Tausenden von Jahren aus der Geschichte auslöschen wollten.

Es wäre nicht so schwierig, die Geschichte der Menschheit zu rekonstruieren, wenn sie nicht in Fabeln gekleidet worden wäre, wenn man nicht die alten Riten christianisiert und Zeugnisse vernichtet hätte.

Das Wissen um die Vergangenheit der Menschheit fiel Unternehmen zum Opfer, die auf sonderbare Weise durch das Symbol des heiligen Georg und des heiligen Michael als Töter des heidnischen Drachen glorifiziert wurden.

Esoterisch gesehen, vom Standpunkt der reinen Wahrheit, sind Sankt Georg und Sankt Michael die Emissäre des Satans, die das Licht des Wissens auslöschen.

In der Geschichte haben die »Drachentöter« berühmte Namen: Julius Cäsar, Augustus, Alarich, Kalif Omar, Karl der Große, Dschingis-Khan, Torquemada und andere. Hier eine nur unvollständige Liste ihrer »Großtaten«:

330 v. Chr.	Niederbrennen der Bibliothek von Persepolis durch die Truppen Alexanders des Großen (sehr umstritten!).
240 v. Chr.	Der chinesische Kaiser Tsin Che Hoang läßt alle wissenschaftlichen Bücher und Geschichtsbücher vernichten.
75 v. Chr.	(Jahr 671 nach dem römischen Kalender.) Die Sibyllinischen Bücher der Priester des Apollo werden beim Brand des Kapitols vernichtet.
48 v. Chr.	Erste Brandlegung in der Bibliothek von Alexandria auf Befehl von Julius Cäsar.
um 1 n. Chr.	Augustus läßt mehr als 2000 Orakelbücher vernichten.
54 n. Chr.	Der heilige Paulus veranstaltet in Ephesos ein Autodafé, bei dem alle Bücher verbrannt werden, die von »sonderbaren Dingen« handeln.
296 n. Chr.	Diokletian läßt die christlichen Bibliotheken mit ihren ägyptischen und griechischen Dokumenten niederbrennen.
3. Jh.	Die christlichen Kaiser des Abendlandes verbrennen und vernichten in gigantischen Autodafés die Wunder der antiken Welt, zum Beispiel den Tempel der Diana in Ephesos, und sogenannte heidnische Archive. Die wahre Geschichte der Welt geht in diesem verbrecherischen Unternehmen unter.

389 n. Chr.	Theodosius verbrennt die Sibyllinischen Bücher.
390 n. Chr.	Zweite Brandlegung in der Bibliothek von Alexandria (durch die Christen).
405 n. Chr.	Stilicho vernichtet die Kopien der Sibyllinischen Bücher.
410 n. Chr.	Alarich plündert die römischen Bibliotheken.
7. Jh.	Unwissende irische Mönche verbrennen 10 000 Runenmanuskripte aus Birkenrinde, die die Überlieferungen der keltischen Kultur enthielten.
641 n. Chr.	Dritter Brand in der Bibliothek von Alexandria, auf Befehl von Kalif Omar gelegt.
728 n. Chr.	Leo der Isaurier verbrennt anläßlich des Bildersturms 300 000 Manuskripte in Byzanz.
789 n. Chr.	Karl der Große stützt sich auf die Dekrete der Konzile von Arles, Tours, Nantes und Toledo und verbietet den Kult der Bäume, Steine und Quellen; er ordnete die Vernichtung jedes heidnischen Gegenstandes oder Dokumentes an.
1221 n. Chr.	Dschingis-Khan verbrennt die Bücher des antiken Ghulghuleh, dem Theben des Orient (Bamian).
13. Jh.	Die Katholiken vernichten die Bücher der Katharer.
14. u. 15. Jh.	Die Inquisition verbrennt die häretischen Manuskripte.
16. Jh.	Die christlichen Konquistadoren und der Bischof Diego de Landa vernichten praktisch die Gesamtheit der heiligen Bücher der Mexikaner.
	Die Bücher von Garcilaso de La Vega werden von der Inquisition verbrannt.
1566 n. Chr.	Der Vizekönig von Peru, Francisco Toledo, vernichtet eine Unmenge von Stoffen und bemalten Tafeln der Inkas, auf denen die alte Geschichte Amerikas aufgezeichnet war.
18. Jh.	Pater Sicard läßt im kleinen ägyptischen Hafen Uardan einen Berg von Papyrusrollen verbrennen, die mit magischen Zeichen bedeckt waren.
1709 n. Chr.	Die Inquisition verbrennt in Lissabon die wissenschaftlichen Dokumente von Gusmâo.
20. Jh.	»Man« versteckt in Paris die brahmanischen astronomischen Tafeln, genannt die Tabellen von Tiruvallur. Vielleicht sind sie inzwischen zerstört worden.

1926 n. Chr.	»Man« verleumdet die reichste archäologische Fundstätte der Welt: Glozel.
1937 n. Chr.	»Man« beschlagnahmt die prähistorische Bibliothek von Lussac-les-Châteaux . . .

Das Geheimnis der schwimmenden Schlange

Die erste Aufgabe des Eingeweihten ist es, die Genesis zu erfassen. Dann muß er sich mit seinem Wissen identifizieren, das heißt Beispiel geben, und schließlich an der Evolution der anderen Menschen mitwirken.

Die großen kosmogonischen Geheimnisse wurden von Thot, Hermes, Hesiod, Empedokles, Pythagoras, den Druiden und den meisten heiligen Schrifttexten offenbart. Oft sind sie schwer zu durchdringen, manchmal wurden sie von Sektierern verstümmelt, aber im allgemeinen blieben sie in Form von mehr oder weniger hermetischen Symbolen bestehen.

Nur die Bibel beteiligt sich nicht an der Rekonstruktion des großen Puzzles, denn sie stammt von einem Volk, das die große Katastrophe nicht erlebt hat. Die Hebräer kannten die Sintflut nur vom Hörensagen, da ihre Nation erst 1500 v. Chr. gebildet wurde.

Es ist anzunehmen, daß die erste Initiationszelle das Schöpfungsgeheimnis kannte. Zumindest hatte sie davon eine ziemlich genaue Vorstellung, da sie Erbe der bedeutenden Kulturen von Atlantis und Mu war.

Man gelangt zu diesem Schluß, wenn man die Mythologien studiert, in denen die Schöpfung durch das Symbol der »auf den Wassern schwimmenden Schlange« dargestellt wird. Man erkennt darin eine fesselnde Abkürzung der Kosmogonie, wie sie im 20. Jahrhundert wissenschaftlich dargestellt wird: eine elektrische Welle (die Schlange), die sich in einem Universum stationärer Wellen (den Wassern) fortpflanzt und dabei konzentrische Kreise bildet, als Symbol der universalen Expansion.

Die Kelten standen der ursprünglichen Überlieferung vielleicht näher als andere Völker (dies wird von Aristoteles und Pythagoras bestätigt). Sie stellten die Urwelle der Schöpfung durch eine einfache Wellenlinie oder Spirale dar, wie man es auf den behauenen Felsen des berühmten »galgal« (Tumulus) der Insel Gavrinis im Golf von Morbihan sehen kann.

Für den Laien ist eine Spirale nur eine geometrische Figur. Für den

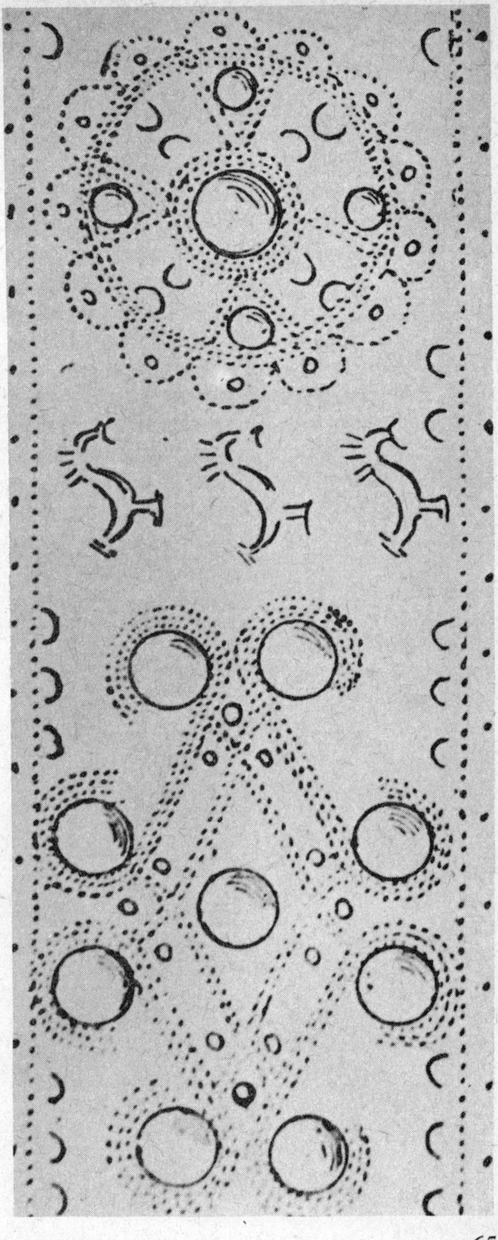

Noricum –
Gürtel aus Hallstatt

Eingeweihten symbolisiert sie die Entstehung und den Ablauf von Zyklen, sie kann wieder zur Schlange werden, zur elektrischen Welle ... Von da an weiß der Eingeweihte nicht mehr – niemand weiß mehr! Es wurde aber nichts wissentlich verheimlicht, das Geheimnis entstand auf natürliche Weise; nur eine einzige Wahrheit blieb bestehen: Die Welt wurde durch das Wort oder durch das Licht (eine Welle) geschaffen.

Die Atomenergie

Francis Bacon, der englische Philosoph des 16. Jahrhunderts, war, wie sein Namensvetter, der Alchimist Roger Bacon (im 13. Jahrhundert), ein echter Eingeweihter. In seinem Buch »Weisheit der Alten« schreibt er im Zusammenhang mit Amor und Kupido folgende Zeilen:
»Diese Liebe scheint der Anreiz oder die Triebfeder der ersten Materie zu sein, oder, verständlicher ausgedrückt, *die natürliche Bewegung des Atoms*. Denn dieses ist die ursprüngliche und einzige Kraft, die alle Materie bildet.
Sie hat weder Vater noch Mutter, da sie von keiner Ursache abhängt (und die Ursache ist der Vater der Wirkung), aber sehr wohl von dieser einzigen Kraft. Man kann keine Ursache für die Natur angeben, wenn man Gott ausnimmt.«
Leukippos und Demokrit kannten im 5. Jahrhundert v. Chr. die atomistische Urstofflehre. Und auch die Menschen der Vorgeschichte, die Gallier oder die Mayas, hatten in vereinfachter Form Symbole der Atomenergie bewahrt.
Die hier abgebildeten Zeichnungen haben eine symbolische Bedeutung, die mit der Atomwissenschaft verbunden zu sein scheint.
Diese Zeichnungen vermitteln einen sehr starken Eindruck und erinnern an Begriffe der Atomtheorie: kreisende Neutronen, Protonen, Kerne, Elektronen und sogar Ausstoßung einer Partikel.
Sind die Bahnen der kleinen Sphären nichts als primitive, zufällige Bilder der Bewegung und des aufsprühenden Feuers oder der wissenschaftliche Ausdruck eines Wissens, das in Ermangelung einer deutlicheren Ausdrucksform durch Bilder und Symbole weitergegeben wurde?
Phantastereien, Fieberträume von Empirikern, werden die Rationalisten sagen; doch das wurde schon vom weisen Sanchuniathon vorausgesehen, als er schrieb: »Seit unserer frühesten Jugend sind wir daran gewöhnt, ihre verfälschten Berichte zu hören, und unser

1. Gallische Münze,
2. Flammende Sonnenscheibe (Mexico),
3. Universale Umhüllung

Geist ist seit Jahrhunderten so sehr von Vorurteilen durchtränkt, daß er diese phantastischen Lügen wie einen Schatz hütet – so daß uns schließlich die Wahrheit unglaubwürdig und die Fälschung wahr erscheint.«

Die Wahrheit ist unglaubwürdig

Der Patriarch Henoch, der Ahne von Noah, hat in allen Einzelheiten die erste Ankunft der »Engel« auf der Erde vor 15 000 bis 20 000 Jahren und die Geschichte unseres Planeten bis zur Sintflut aufgezeichnet.
Er hat auch seine Reisen in den »Himmel der ersten Väter« beschrieben, einen »Himmel«, der auf Erden lag. Dieser Bericht stammt nicht von der Hand Henochs. Er wurde wahrscheinlich von nachsintflutlichen Eingeweihten weitergegeben und schließlich von einem Kopisten niedergeschrieben, der von vielen Gewissenszweifeln geplagt worden sein muß. Henoch sprach sicher von wirklichen Reisen im Flugzeug oder in der Rakete, aber der brave Abschreiber konnte sich 7 000 Jahre nach dem Abenteuer nicht dazu entschließen, von dem zu sprechen, was er für eine Lüge, eine Übertreibung hielt: die fliegende Maschine. Er zog sich aus der Affäre, indem er die Reise durch den Raum als einen von Gott eingegebenen Traum, eine »Vision«, wie man damals sagte, hinstellte.
Alles, was an Fakten berichtet wurde – Atomkrieg, Raumraketen, Astronauten, Fernsehen, Helikopter, Radio –, wurde aus Wahrheitsliebe abgeändert. Vor 4 000 bis 5 000 Jahren konnten die Menschen an eine so wunderbare, so phantastische Wirklichkeit nicht glauben. Glauben doch sogar im 20. Jahrhundert die wenigsten daran.
Doch die Frühgeschichte erhält erst ein logisches und vernünftiges Aussehen, wenn wir den Herrn mit einem Astronauten, die fliegenden Widder, Schlangen und Wolken mit Raketen, den Wagen des Ezechiel mit einer fliegenden Untertasse und die Zerstörung von Sodom mit einer Atomexplosion identifizieren.

Die Kosmogenese der Eingeweihten von Hawaii

Es gehört oft viel guter Wille dazu, die Kosmogenesen der heiligen Bücher zu akzeptieren, denn manche von ihnen (zum Beispiel jene der Bibel) sind ebenso ausgefallen wie kindisch. In diesem Punkt

erteilen die Wilden der Sandwich-Inseln (Hawaii, Oahou, Molokai usw.), die inmitten des Pazifik verloren sind, den zivilisierten Völkern der Alten Welt eine Lehre.
Laßt uns einen Text, der uralte polynesische Überlieferungen über die Erschaffung der Welt wiedergibt, Wort für Wort durchgehen. Er ist enthalten in der *Mythologie Générale* (Allgemeine Mythologie) von Larousse, Seite 420, gezeichnet von G. H. Luquet, Professor an der Universität von Paris:
»In Hawaii stiegen in einer *graduellen Evolution* aus dem dunklen Chaos die Lebensformen hervor, sowohl die tierischen als auch die pflanzlichen. Zuerst entstanden die Zoophyten und die Korallen, dann die Würmer und Mollusken; parallel zu ihnen entwickelten sich die Algen, später die Schlingpflanzen.
Dann, als der Lehm, der sich durch die Zersetzung der *vorangegangenen Wesen* gebildet hatte, die Erde über das Wasser ragen ließ, entstanden die Blattpflanzen, die Insekten und die Vögel.
Später brachte das Meer seine höchsten Gattungen hervor, wie die Medusen, Fische, Wale, während Ungeheuer im Schlamm krochen. Noch später entstanden die eßbaren Pflanzen; dann, in einer fünften Periode, das Schwein, in einer sechsten die Mäuse auf dem Festland und die Meerschweine im Meer. Schließlich, nach einer siebenten Periode, in der sich abstrakte physische Eigenschaften herausbildeten, die sich später in der Menschheit verkörperten, bringt eine achte Periode das Entstehen der Frau, des Mannes und mancher großer Götter.
In Samoa findet man außerdem, allerdings weniger deutlich ausgeprägt, die Vorstellung von einer *transformistischen Folge* der Pflanzen . . .«
Aus dieser Kosmogenese von »Wilden« hätten Moses und selbst Darwin lernen können. Allerdings gibt es in Hawaii ein unterirdisches Heiligtum von Eingeweihten, das mit dieser höheren Überlieferung wohl in Zusammenhang stehen dürfte; man könnte darin sogar ein Fortbestehen des Wissens von Mu sehen.
Es ist in diesem Zusammenhang auch nicht uninteressant festzustellen, daß Hawaii auf einer wichtigen Bruchlinie der Erdkruste liegt, ein Umstand, der immer eine außerordentliche Entwicklung der intellektuellen und psychischen Fähigkeiten der Menschen zu bewirken scheint.
Wer hätte eine so wissenschaftliche Kosmogenese erstellen können, wenn nicht Eingeweihte? Echte Eingeweihte, die sich wahrscheinlich vor der Sintflut retten konnten, denn mehrere Gipfel der Insel Hawaii liegen über 4 000 m.

Abschließend seien noch einmal die besonders bedeutenden Punkte dieser Kosmogenese hervorgehoben: graduelle Entwicklung; vorangegangene Wesen; abstrakte physische Eigenschaften, die sich in der Menschheit verkörpern; Entstehen der Frau vor dem Mann; Entstehen der Menschen vor den Göttern; transformistische Folge der Pflanzen.
Dies ist gewiß die Offenbarung eines Wissens, das den gebildetsten Philosophen des Abendlandes einer Meditation wert erscheinen müßte.

Die Sphinx wird sprechen

Die echte Initiation hat immer wissenschaftlichen Charakter und bringt der Menschheit stets ein verwertbares Wissen, selbst wenn es durch Symbole verschlüsselt ist.
In dem aramäischen Manuskript »El Fallahat en Nabatiat« (Die Kultur der Nabatäer – Bewohner des alten Peträisch-Arabien) ist von riesigen Bibliotheken die Rede, in deren Büchern außergewöhnliche wissenschaftliche und philosophische Kenntnisse aufgezeichnet sind. Das Manuskript soll sehr alten Ursprungs sein, denn es ist darin von Noah die Rede.
Aristagoras von Milet hatte fünf Jahrhunderte vor unserer Zeitrechnung eine »Geschichte Ägyptens« in zwei Bänden geschrieben, und zwar nach Inschriften auf den Pyramiden. Dieses Werk ist uns leider nicht erhalten geblieben; es wird wohl wie Sanchuniathons *Geschichte Phöniziens* vernichtet worden sein.
Der *abacus* genannte Stab der großen pythagoreischen Meister war mit Zeichen bedeckt, die mit der Einweihung in die Mysterien zusammenhingen. Man nimmt an, daß es einfach unsere Multiplikationstafel war, die heute Pythagoreische Tafel heißt.
Aber andere Geheimnisse, die auf jenen Stäben aufgezeichnet waren, sind verlorengegangen, wenn sie nicht von unseren Gelehrten – in der Meinung, etwas Neues zu erfinden – wiederentdeckt wurden.
Auf dem alten Tempel von Sais im Nildelta hat der Eingeweihte Plutarch folgende Inschrift gelesen:

> *»Ich bin alles, was war, ist und sein wird.*
> *Kein Sterblicher hat bis heute den Schleier*
> *lüften können, der mich bedeckt.«*

Bis heute! Aber die Zeit ist gekommen, da sich der Schleier von den Geheimnissen, die für unsere Ahnen tabu waren, mehr und mehr hebt. Die Sphinx hat wieder zu sprechen begonnen. Sie sagt, daß es schrecklich ist, diese Geheimnisse zu erfahren, und daß sie das Ende der Welt ankündigen.
Dies war auch die Meinung von Francis Bacon über die Einweihung, denn er schrieb über die Sphinx und die Wissenschaft:
»Diese Fabel, die ebenso sinnreich wie schön ist, scheint sich auf die Wissenschaft, verbunden mit der Praxis, zu beziehen: Denn die Wissenschaft kann nicht ohne Grund ein Ungeheuer genannt werden, erzeugt sie doch im Geist von Unwissenden sonderbare Gebilde.
Sie ist je nach den Themen verschieden . . . Man gibt ihr Flügel – aber sie hat scharfe und reißende Krallen.«

Es ist verboten, Gott beim Namen zu nennen

Wie ist das Verhältnis des Eingeweihten zu Gott?
Für die Spiritualisten versteht sich die Antwort von selbst: Das besondere Privileg der Initiation besteht gerade darin, Gott zu begreifen. In Wahrheit aber glaubt der Eingeweihte nicht an Gott: Er ignoriert ihn.
Pythagoras hatte keine bestimmte Vorstellung von Gott; für seinen Schüler Platon war Gott bar der Allmacht und nicht der Schöpfer der Welt: Pherekydes, der Lehrer des Pythagoras und somit auch Platons, zeigte offen seinen Unglauben oder, besser gesagt, seine Unkenntnis.
Wenn man einen Wissenschaftler fragt, ob er an einen ewigen und allmächtigen Gott glaubt, der Himmel und Erde geschaffen hat, dann wird man eine ausweichende Antwort erhalten, und selbst wenn er bejaht, wird dies mit vielen Vorbehalten geschehen.
Wenn man dieselbe Frage einem spanischen Picador, einem mexikanischen Holzfäller oder einer italienischen Bettlerin vorlegt, wird die Antwort wie aus der Pistole geschossen kommen: *Si!* Denn der Unwissende ist meist gläubig.
Auch Buddha glaubte nicht an Gott. Seine Lehre beruht im wesentlichen auf den »Vier edlen Wahrheiten«:
1. Alles ist vergänglich und somit leidvoll.
2. Das Leid entsteht aus dem Durst.
3. Das Leid und der Schmerz können im Nirwana aufgehoben werden.

4. Um das Nirwana zu erreichen, muß man den Durst in sich überwinden.

Buddha, Pherekydes, Pythagoras, Platon ... Die Frage nach Gott könnte als entschieden betrachtet werden, doch würde dies den Atheisten allzu leichtes Spiel lassen. Die Eingeweihten sind nämlich nicht gegen Gott, sondern sie kennen ihn nicht. Aus besonderen Gründen besteht die Initiation in diesem Punkt darin, Gottes Namen nicht zu nennen oder zu schreiben; die Rabbiner schreiben nur den ersten Buchstaben, gefolgt von mehreren Punkten.

Die Chinesen des 20. Jahrhunderts, die künftigen Herren der Welt, haben das Wort und die Idee aus ihrem Wortschatz und aus ihrem Geist radikal ausgerottet. Schon im alten China war Gott nur eine »handelnde und unerschöpfliche Vernunft, die kein Name nennen konnte; eine in allem unendliche Vernunft, der man nichts hinzufügen konnte«. Gott war *Vou-ki,* das unbegrenzte Wesen, das *Y* des Konfuzius, das *Tai-y,* die große Einheit. Lao-tse kannte wie Buddha Gott nicht ...

Konfuzius war ein Eingeweihter, der bereits im Alter von 6 Jahren seine Umgebung mit seiner großen Weisheit in Erstaunen setzte. Nach Tschu-Hi, seinem autorisierten Kommentator, gab der große Weise Gott keine Identität, er lehnte jede Religion ab und vertraute nur der rationalen Wissenschaft, und das vor 2 500 Jahren.

»Konfuzius sprach weder von mystischen Dingen (wie Buddha und Lao-tse) noch von *Geistern* (Seelen), noch vom himmlischen Pfad.«

Ki-Lu erhielt folgende Antwort, als er wissen wollte, wie man den Geistern und Genien dienen soll: »Wenn man noch nicht in der Lage ist, den Menschen zu dienen, wie soll man da den Geistern und Genien dienen können?«

Eine andere Antwort zeigt seine große ethische Aufrichtigkeit, seine Demut und das Wissen um die Grenzen der Erkenntnis. Als man ihn fragte, was der Tod sei, sagte er: »Wenn man nicht weiß, was das Leben ist, wie soll man da den Tod kennen?«

Konfuzius, der »Sohn des Himmels«, zog sich gegen Ende seines Lebens mit einigen Schülern an einen geheimnisvollen Ort zurück. Es ist merkwürdig, daß niemand auf die Idee gekommen ist, diesen Ort mit Agartha zu identifizieren.

Der Gott des Moses war Kelte

Die Hebräer übernahmen den Gott des Ägypters Moses und gaben ihm die Pseudonyme Ain-Soph, Elohim, Adonai (= Aton, der

einzige Gott der Ägypter, der wiederum Adonis war, der universale Gott der Phönizier).
Ursprünglich haben die Phönizier ihren Gott Beelsamen, später Bel oder Baal (der Bel-Heol der Kelten), dann Hel, Il oder Kronos genannt. In der *Geschichte Phöniziens* teilt uns Sanchuniathon mit, daß die »Verbündeten von Hel (Kronos) Eloim genannt wurden, was soviel heißt wie Kroniden«.
Es fällt also nicht schwer, in den Elohim oder Eloim der Hebräer den Gott Hel und die Eloim der Phönizier wiederzuerkennen und so zur ursprünglichen Quelle vorzustoßen: dem Bel-Heol der Kelten, die nach dem Eingeweihten Pythagoras die Väter aller Philosophie waren.
Dies erklärt zusätzlich, weshalb die Hebräer zu verschleiern suchten, daß sie ihre Initiation (die sehr weit ging) nicht einer besonderen Offenbarung verdankten, sondern der Kenntnis der ägyptischen und phönizischen Überlieferungen.
Als die Christen Gott teilweise mit dem Heiligen Geist und Christus gleichsetzten, haben sie willkürlich mit den großen Initiationstraditionen gebrochen.
Die Phönizier versuchten lange Zeit, den Namen Baal zu verheimlichen, aus Angst, Fremde könnten ihn anrufen und dadurch seine Gunst erringen.
Der Name Gottes wurde also von den Hebräern verloren.

Die Gewißheit der Ungewißheit

Nach einer Hypothese, die Gott als das universale Ganze einsetzt, verliert er mathematisch in dem Maße seine Macht, wie die des Menschen wächst. Wenn der Mensch allmächtig sein wird, hört Gott auf zu sein und wird von seiner Kreatur ersetzt.
Die Skandinavier glaubten nicht an die Ewigkeit der Götter und der Welt. Für sie, für alle Germanen waren die Götter Sterbliche, die ein langes Leben hatten und ständig in Alarmbereitschaft sein mußten. Einer von ihnen, Heimdall, hat die Aufgabe, Tag und Nacht vor der Brücke Bifrost Wache zu stehen, die den Zugang nach Asgard, dem Palast der Asen, bildet.
Aber es ist den Asen bestimmt, daß sie eines Tages von ihren Feinden, den Riesen, vernichtet werden und in ihrem Untergang die ganze alte Welt mitreißen. Dieser Untergang ist in einem der schönsten Gedichte der Edda, dem Völuspa, unter dem Titel »Götterdämmerung« geschildert.

Der Gedanke eines Endes der Gottheit ist in unseren Tagen von amerikanischen Theologen aufgegriffen worden, die die »Gott-ist-tot-Bewegung« ins Leben riefen. Professor J. Sittler von der Universität Chikago hat sich zum Sprecher der Bewegung gemacht, als er erklärte: »Wenn sich heute alles auf den Kosmos konzentriert, kann man sich nicht mehr für einen Jesus interessieren, der seine Tätigkeit auf Galiläa beschränkte.«

Die »Gott-ist-tot-Bewegung« hätte in meinen Augen keine eigene Bedeutung, wenn sie nicht Bestandteil einer Entwicklung wäre, die sehr wohl zu einer gewissen Identifizierung des Gottes der Eingeweihten führen könnte. Gott bliebe zwar unendlich unkennbar, er würde aber zugunsten unserer Wahrnehmung einige der 77 000 Schleier verlieren, die nach der Theologie der Hindus seine Anonymität schützen und verhindern, daß wir konsumiert werden. In diesem Sinne könnte Gott-Universum mit einem ordnenden Mechanismus verglichen werden, einer Art Zentrale von elektronischen Robotern, in der die unendliche Anzahl von Berechnungen durchgeführt wird, die alle Eventualitäten regieren, die in allen möglichen Universa stattfinden können.

Es gäbe nicht einen Determinismus, sondern eine Unendlichkeit von vorhergesehenen Determinismen, die dem kleinsten Detail einen universalen Widerhall sichern, zum Beispiel der Tatsache, daß man einen Kugelschreiber statt eines Bleistifts kauft.

Wenn Initiation Erkenntnis (Wissen) ist, kann Gott in der Hypothese wohl nur einem elektronischen Supergehirn gleichgesetzt werden. Da Gott und das Wissen unendlich undurchdringlich sind, ist ein Eingeweihter ein ewig Lernender.

Die Unzugänglichkeit Gottes, selbst für jene, die man als große Eingeweihte bezeichnet, wird mit dem deutlich, was Bernard d'Espagnat, Professor für Mathematik am Collège de France, über das Wissen (die Initiation) sagte: »Es gibt nur eine ernst zu nehmende Art, die Welt zu erkennen: die wissenschaftliche Sicht. Jede andere Erkenntnismethode ist wertlos.«

Die Mathematiker, Physiker und Gelehrten sind sich dessen bewußt, daß sie auf der Ebene des Absoluten von den einfachsten Dingen keine Kenntnis haben. Sie wissen, daß kein Urteil, keine Rechnung unendlich richtig sein kann in einem Raum-Zeit-Begriff, der sich uns entzieht.

Diese Demut, diese Gewißheit der Ungewißheit ist das Hauptmerkmal dessen, was man die echte Initiation nennt.

Sigurd: ein Initiationsritus

Alle Initiationsriten wurden in der wunderbaren Sigurd-Legende konzentriert (der skandinavische Sigurd entspricht dem germanischen Siegfried). Sigurd war der Held der skandinavischen Mythologie, und man erkennt unschwer in ihm den Rama der Edda.

Sigurd, Sohn des Siegmund und Nachkomme Odins, ist jung, schön, tapfer und edelmütig. Eines Tages schenkt der Schmied Regin, ein gefährlicher Zauberer, der sich eifrig um die Initiation bemüht, dem jungen Helden das wunderbare Schwert Gram; es ist so scharf, daß es einen im Wasser schwimmenden Wollfaden mühelos durchtrennt. Außerdem erhält Sigurd von Regin das Pferd Grani, das seinesgleichen nicht hat und sogar durch die Flammen sprengen kann.

Der so wohlausgerüstete Ritter dürstet nach großen Taten. Regin fordert Sigurd auf, den Drachen Fafnir zu töten, der einen Schatz bewacht. Der Drache ist nicht böse, er greift niemals von sich aus an, aber wenn er angegriffen wird, muß er seinen Widersacher töten oder selbst sterben.

Um seinen gefährlichen Feind zu überwältigen, gräbt Sigurd eine symbolische Grube, die zum Grab wird. Der Drache stürzt hinein, und schnell wie der Blitz sticht der Held das Schwert Gram dem Ungeheuer ins Herz.

Regin war Zeuge des Kampfes. Er trinkt vom Blut des Drachen, reißt ihm das Herz heraus und befiehlt Sigurd, es zu braten. Während der Held diese Arbeit verrichtet, verbrennt er sich bei Berührung des heißen und blutenden Herzens die Finger; unwillkürlich steckt er sie in den Mund und schluckt dabei Fafnirs Blut.

Ein Wunder geschieht: Sigurd versteht plötzlich die Sprache der Vögel. Das Gespräch der auf einem Baum hockenden Adler entdeckt ihm die geheimen Absichten Regins.

»Wenn Regin das Herz des Drachen gegessen hat«, sagt ein Adler, »wird er Sigurd töten.«

»Nein«, erwidert der andere, »Sigurd wird Regin töten.« Dies geschieht auch. Der Held folgt einer geheimnisvollen Vorahnung, verzehrt das Herz des Drachen, trinkt sein Blut und begräbt ihn.

Dann nimmt er den Schatz an sich und begibt sich auf den Rat der Vögel ins Gebiet der Franken. Unterwegs sieht er ein von Flammen umgebenes Schloß. Voll Ungestüm sprengt er auf seinem Hengst Grani in die Flammen, durchreitet sie und gelangt in ein Zimmer, in dem ein schöner Krieger ruht, den der Gott Odin in einen Zauberschlaf versenkt hatte.

Und wieder wird Sigurd von einer Eingebung gelenkt: Er nimmt dem Krieger den Helm ab und zerreißt mit der Spitze seines Zauberschwertes Gram das Kettenhemd, das den Körper einer unsagbar schönen Frau, der Walküre Brunhilde, freigibt.
Der Zauber ist gebrochen, Brunhilde verliebt sich in den Helden und zieht ihn auf ihr Lager. Am nächsten Morgen erwacht Sigurd nach einer leidenschaftlichen Nacht. Seine Geliebte verleiht ihm die Gabe, Runen zu lesen und zu schreiben. Zum Dank für dieses Wissen und für die Nacht der Einweihung schenkt ihr Sigurd einen goldenen Ring aus dem Schatz des Drachen und schwört ihr ewige Treue.
Dann setzt er seinen Weg fort und gelangt zu den Anführern der Franken Ginki, Gunnar und Högni, deren Waffen- und Blutsbruder er wird.
Kriemhild, die Mutter dieser Anführer und der schönen Gudrun mit dem blonden Haar, gibt Sigurd einen Trank ein, der seine Erinnerung an die schöne Brunhilde auslöscht.
Es folgen andere Abenteuer, deren wichtigste Episoden die Vermählung Sigurds mit Gudrun und Gunnars mit Brunhilde sind. Diese liebt allerdings noch immer den, der sie vom Zauberbann befreite.
Als Sigurd eines Nachts den Zauberring Andwaranaut, den er der Walküre gegeben hatte, wieder an sich nimmt, überredet diese aus Trotz und Eifersucht ihren Gatten Gunnar, Sigurd zu töten, obwohl sie ihn noch immer liebt.
Der jüngere Bruder Gunnars ermordet den schlafenden Helden. Doch der auf den Tod verwundete Sigurd wirft mit letzter Kraft sein Schwert Gram auf den Mörder und tötet ihn.
Die untröstliche Brunhilde versenkt den Schatz in einem Fluß und durchbohrt sich die Brust; ihr Körper wird mit dem von Sigurd auf einem riesigen Scheiterhaufen verbrannt.
Dies ist die Legende der Edda, aus der man deutlich den Initiationsmythos der alten Völker herauslesen kann, dessen wesentliche Elemente folgende waren:

- Ein schöner und strahlender Gott tötet den Drachen, der den Schatz bewacht. (Man wird auf Grund einer großen Tat eingeweiht.) Erstes Stadium: Sigurd versteht die Sprache der Vögel.
- Der Held begibt sich unter die Gewalt von Nacht und Tod. Erprobungen und Initiationswege.
- Er durchquert den Feuerkreis und entdeckt die Frau des Lichts, deren fleischliche Liebe ihn in das zweite Stadium der Initiation erhebt und die Kenntnis der Runen verleiht.

- Er gibt den Ring aus dem Schatz der Frau, die ihn eingeweiht hat: Dies ist ein feierliches Gelöbnis. Der Eingeweihte kann nicht an den Ausgangspunkt seines Weges zurückkehren, um aus dem Labyrinth zu fliehen; sein Engagement ist total.
- Da Sigurd gefehlt hat, muß er dafür bezahlen. Er wird vom Stachel des Todes *(hugene)* getroffen, und der Schatz wird in den Fluß geworfen, wo ihn ein anderer taten- und wissensdurstiger Held heben möge.

Die schönste Liebesgeschichte der Welt

Wäre Initiation mit reiner Wissenschaft gleichzusetzen, könnte man sie schwer mit dem Begriff der Liebe vereinbaren. Wie kann es in der Berechnung des Datums einer Sonnen- oder Mondfinsternis, der Propagationsgeschwindigkeit einer Welle oder selbst in einer einfachen Multiplikation Liebe geben?

Aber Initiation bedeutet auch Weisheit, und diese ist der Moderator in der Eskalation der verbotenen Kenntnisse und der Katalysator der edelsten Gefühle. Pythagoras pflegte den Begriff der Liebe, und Buddha vermittelte der Menschheit sieben Jahrhunderte *vor Christus* eine Lehre, die niemals übertroffen werden konnte.

Die Maharadschas von Benares haben eine Devise mit einer sehr tiefen Bedeutung: »Es gibt keine höhere Religion als die Wahrheit.« Dies ist das einzige Dogma, das ein ehrlicher Mensch akzeptieren kann. Die Liebe ist kein Dogma, sonst könnte man sagen: Es gibt keine höhere Wahrheit als die Liebe, was in gewissem Sinne eine wunderbare Lüge wäre.

Die Legende, die ich nun erzählen möchte, ist der Ausdruck der Liebe im Bodhisattva, das heißt in Buddha, bevor er die Erleuchtung durch die Liebe kannte.

Der Bodhisattva wanderte durch das Land, auf der Suche nach dem, was er nicht wußte. Er ging langsamen Schrittes, in Gedanken versunken, und widmete manchmal seine Neugierde der Natur, die sich in den Farben des unendlich Weisen prunkvoll gekleidet zeigte. Plötzlich erblickte er eine Taube, deren Flügelschlag so lahm vor Müdigkeit war, daß sie jeden Augenblick herunterfallen mußte. In einer letzten Anstrengung erreichte sie den Weisen und ließ sich zu seinen Füßen niederfallen.

»Ich flehe dich an, Bodhisattva«, stöhnte sie, »rette mich! Ein Geier verfolgt mich seit dem Morgen; ich bin erschöpft, und meine letzte Hoffnung bist du. Sieh, der Geier kommt – er ist da!«

In der Tat näherte sich ein großer schwarzer Vogel dem Weisen, doch auch er flog so ungeschickt, daß er in seiner Erschöpfung gar jämmerlich anzusehen war.
Der Bodhisattva hob die Taube auf, versteckte sie in seinem Gewand und flüsterte ihr zärtlich zu:
»Friede kehre in dein Herz ein, kleine Taube. Ich bin der Bodhisattva, ich biete dir die Gastfreundschaft an meiner Brust, und du hast nichts mehr zu befürchten.«
Da ließ sich der Geier vor ihm nieder, das Gefieder in Unordnung und sichtlich ermattet.
»Bei den Göttern«, murmelte er, »ich kann nicht mehr, nach diesem schrecklichen Jagdvormittag! Bodhisattva, ich habe gesehen, wie du die Taube in deinem Gewand versteckt hast, gib sie mir schnell, denn ich bin am Ende meiner Kraft . . .«
»Keinesfalls werde ich sie dir geben«, antwortete der Weise, »denn ich habe ihr Sicherheit versprochen, und der Bruch der Gastfreundschaft wäre eine schlimme Pflichtvergessenheit.«
»Diese Taube gehört dir nicht«, widersprach der Geier. »Sie gehört mir. Als du sie aufhobst, war sie am Ende ihrer Kräfte und wäre auf ganz gerechte Weise in meine Gewalt gekommen. Also gib mir mein Eigentum!«
»Unmöglich!«
»Überlege, Bodhisattva: Ich bin ein Geier, diese Natur wurde mir von den Göttern gegeben, die mir auch meine Nahrung vorgeschrieben haben. Ich habe die Taube bezwungen. Sie ist die Belohnung meiner Arbeit als Geier, und du mußt sie mir geben.«
»Unmöglich«, wiederholte der Weise, aber man spürte, daß seine Stimme unsicher war. »Ich würde dir gerne gefällig sein, Geier, aber ich kann es nicht um den Preis, den du forderst. Geh wieder auf die Jagd, das ist das Beste, was du tun kannst!«
»Wieder auf die Jagd gehen? Du machst grausame Scherze, Bodhisattva! Siehst du nicht, daß ich unfähig bin zu fliegen? Wenn mich ein Fuchs in diesem Zustand entdeckt, bin ich verloren! Du willst mich zwingen, Hungers zu sterben oder von einem Feind zerfleischt zu werden? Gut, ich werde sterben, aber dieses Verbrechen mußt du vor deinem Gewissen verantworten.«
Der Bodhisattva brauchte nicht erst lange nachzudenken, um zu verstehen, daß der Geier recht hatte. Aber auch die Taube hatte recht, wenn sie ihr Leben retten wollte, und er selbst hatte auch recht, ihr die Gastfreundschaft an seiner Brust zu bieten. Konnte er dem Vogel sagen, daß er der gerechte Lohn des Geiers war? Sollte er den Geier seine Beute verschlingen lassen?

Die unschuldige Taube opfern? Unmöglich!
Den unschuldigen Geier opfern? Nein!
Es blieb nur eine Lösung, die dem Bodhisattva gleich einer Erleuchtung einfiel.
»Du hast recht, Geier«, sagte er, »ich darf dir deinen Lohn nicht vorenthalten. Ich werde dir daher von meinem eigenen Fleisch das geben, was dir zu Recht zusteht.«
Wie durch ein Wunder erschienen eine Waage und ein Messer vor dem Weisen, der die Taube in eine Waagschale setzte und in die andere ein großes Stück Fleisch von seinem Körper legte. Da sich der Balken auf die Seite des Vogels neigte, fügte der Bodhisattva noch ein Stück von seinem Fleisch hinzu, und noch eines und noch eines ... Doch der Balken neigte sich immer auf dieselbe Seite: Kein noch so großes Stück menschlichen Fleisches konnte die zarte Taube aufwiegen. Da stieg der Bodhisattva ganz auf die Waage, und siehe, die Schalen kamen sofort ins Gleichgewicht. Ein Leben für ein anderes!
Der Geier, der die Szene schweigend beobachtet hatte, schlug mit den Flügeln und verwandelte sich.
»Ich bin der Gott Indra«, sprach er, »und ich wollte dich auf die Probe stellen!«
Ein Ambrosiaregen fiel vom Himmel und heilte den Bodhisattva, dem der Gott verkündete, daß er sich in Buddha wiederverkörpern werde.
Dies ist ohne Zweifel eine schöne Liebeslektion, vollkommen und erbaulich: Ein Leben ist ein anderes Leben wert; das Leben eines Eingeweihten gilt nicht mehr als das des Rauchs aus dem Kamin. Die Liebe zählt nur, wenn sie total ist und sich in gleicher Weise an unseren Bruder, den Geier, an unsere Schwester Erde oder unseren anderen Bruder, das kleine Sandkorn, wendet ...
Das war die Lehre des Eingeweihten Bodhisattva.

Echte Initiation

Haben uns Sigurd und Buddha nicht gelehrt, daß das Streben nach Initiation nicht rein kontemplativ sein kann? Die Kontemplativen, Theoretiker des Psychismus, des Gebets, der Ekstase, der »Offenbarung« schließlich, erreichen nur eine Verbildung ihres Geistes sowie ihre physische und geistige Verknöcherung.
Ein Eingeweihter war niemals ein kontemplativer Mensch. Niemals ist ein großes, der Menschheit zum Nutzen gereichendes Geheimnis

durch Erleuchtung bekanntgeworden: weder die Schubkarre noch die Dampfmaschine, weder die Elektrizität noch ein Impfstoff.
Die Trance ist eine verabscheuungswürdige Prozedur, wenn sie nur ein egoistisches Experiment ist. Wenn die heilige Therese von Avila und die heilige Therese von Lisieux Kranke betreut hätten, hätten sie keine Zeit gehabt für Visionen; der Gott, der während ihrer Ekstasen in ihnen wohnte, war ihrer Askese weniger nützlich als ein Kräutertee, der sie wieder zur Vernunft gebracht hätte.
Die großen Eingeweihten, deren historische Existenz in manchen Fällen wahrscheinlich, in anderen gewiß ist, selbst wenn ihre Identität Gegenstand von Verwechslungen war, haben Geheimnisse offenbart und so den Beweis ihres Wissens geliefert.
Prometheus, Oannes, Quetzalcoatl, Kukulkan, Viracocha lehrten die Menschen die Geheimnisse des Feuers, der Landwirtschaft, der Schrift.
In Indien war der erste Initiator Mannus oder Jina, der Mahâvîra (großer Mann); Zoroaster lehrte im alten Persien das Säen des Weizens, das Schmelzen der Metalle und die Astronomie.
Bei den Kelten war der Eingeweihte Lug in allen Künsten bewandert und Begründer des Rittertums.
Khousor, der alte Gott von Byblos, soll Beschwörungsformeln und das Wahrsagen erfunden haben, doch haben wir keinen Beweis dafür. Dagegen besagt die Überlieferung auch noch, daß er der Erbauer von Säulenhallen, Krypten und Häusern mit Höfen war.
Der ägyptische Hermes offenbarte Wissenschaft und Kunst durch die Schrift. In Griechenland erfand Apollo die Lyra, die sieben Noten der Tonleiter, die Medizin; er hatte die Gabe der Prophetie und konnte sie weitergeben. Orpheus offenbarte »heilige Mysterien«, war aber gleichzeitig im Bauen von Wagen sehr geschickt.
Moses kannte die Geheimnisse der Genesis, des Schießpulvers, der Elektrizität. Durch Offenbarung oder Erleuchtung? Keineswegs. Vielmehr durch direkte Unterweisung. Es sieht tatsächlich so aus, als hätte er seine Aufträge von einer Synarchie bekommen, die sich auf einem Fluggerät – der Wolke – fortbewegte. Manchmal begnügten sich die rätselhaften Besucher damit, an Ort und Stelle zu verhandeln, manchmal nahmen sie Moses an einen Ort mit, den man entweder für ein Generalstabsquartier (vielleicht auf einem anderen Planeten) oder für ein Initiationszentrum (dies ist wahrscheinlicher) halten kann, das in Amerika oder Asien lag. Denn Moses war monatelang, manchmal sogar jahrelang abwesend.
Ähnlich war es mit Henoch vor der großen Katastrophe. Nach der Sintflut wurde das Ziel seiner Reisen offenbar absichtlich geheim-

gehalten, was für Agartha, die in Tibet gelegene Geheimzentrale, sprechen würde.
Buddha war ein Moralist und großer Astronom; er gründete seine Lehre auf den Leitspruch: »Nur die Wissenschaft führt zur Askese.«
Leukippos schrieb Abhandlungen über das Atom und die Welt der Korpuskeln. Pythagoras, dem Philosophen und Mathematiker, verdankt die Welt die wesentlichen Gesetze der Mathematik.
Apollonius von Tyana, der um den Beginn unserer Zeitrechnung geboren wurde, bereiste Griechenland, Babylonien, Indien und besuchte alle großen Initiationsheiligtümer.
»Er predigte eine Reform der Sitten, das gemeinsame Eigentum der Reichtümer und die von Pythagoras aufgestellten Dogmen; er sprach sich auch gegen den Genuß von Fleisch aus. Er gab seine Güter den Armen, lebte in den Tempeln, beruhigte mehrere Aufstände, lehrte die Menschen, ging barfuß und vollbrachte Wunder.«
In Rom erweckte er ein junges Mädchen vom Tode, wofür er von Nero aus Italien verbannt wurde. Sein würdiger Lebenswandel, seine hohe Moral und der Wert seiner Lehre veranlaßten das Volk, ihn zur Gottheit zu erheben.
Alle genannten Personen – außer ihnen gab es noch eine beträchtliche Zahl – sind zweifellos als Eingeweihte zu betrachten. Sie alle haben den Menschen Wissen vermittelt.
Dennoch darf man nicht glauben, daß sie übernatürliche, das heißt für Menschen unerreichbare Fähigkeiten besaßen. Sie waren Astronomen, Physiker, Mathematiker, Philosophen oder Biologen, die nur nach den Maßstäben ihrer Zeit zu messen sind. Was sie wußten, reicht bei weitem nicht an die Kenntnisse eines modernen Wissenschaftlers heran. Gewiß konnten sie Theorien formulieren, Verfahrensabläufe rekonstruieren, doch keiner von ihnen hätte ein Flugzeug oder einen Computer bauen können.
Es liegt auf der Hand, daß sie der Menschheit jedes nützliche Geheimnis mitgeteilt hätten, so daß diese viel früher in den Genuß des Chinins, der Impfstoffe und Vitamine, der Buchdruckerkunst, der Nähmaschine, des Kardans, der Dampfmaschine und anderer Errungenschaften gekommen wäre. Doch diese Entdeckungen haben nicht die sogenannten »Eingeweihten« gemacht, sondern Wissenschaftler oder Forscher, die durch ihr Genie die alten Geheimnisse wiederentdeckten, deren Formeln die Sintflut und die Jahrtausende nicht überdauert hatten.
Man erkennt daran, daß die Initiation von geringer Beständigkeit ist, wenn sie nicht durch die wissenschaftliche Arbeit und die

Genialität des Eingeweihten verlängert und sublimiert wird. Es scheint auch, daß die Überlieferung des Wissens, besonders von Orpheus bis Pythagoras, durch Irrtümer, Auslassungen und verschiedene Verfälschungen gelitten hat.
Die Hebräer übernahmen die Fackel im Jahre 500 v. Chr., und ihnen verdanken wir, daß einige Fragmente der antiken Geheimnisse gesammelt wurden.
Im 1. Jahrhundert unserer Zeit war Apollonius von Tyana gezwungen, zu den Quellen zurückzukehren, um einen kleinen Teil des geistigen Erbes wiederherzustellen; vielleicht war er der letzte Erbe der Tradition.
Die falschen Eingeweihten, Alchimisten, Geheimniskrämer und Taschenspieler, die Wissenden von Geheimnissen, die nie entdeckt, nie überprüft wurden, bilden nur eine Horde von Empirikern, die sich mit dem falschen Wissen beschäftigt, das sie von verdorbenen Menschen der Antike ererbt hat: Sie spekulieren über einen geheimnisvoll-unbekannten Bereich, von dem sie nur vage Vorstellungen haben, und wurden von den unbewußten Eingeweihten, also den Physikern – ich denke hier besonders an Papin, Marconi, Becquerel, Einstein –, den Astronomen und Biologen, die authentischen Geheimnissen auf die Spur gekommen sind, längst überflügelt.
Wieder durchpflügen Fluggeräte die Lüfte, Maschinen bewegen sich auf der Erde fort, die Stimme des Menschen ertönt von einem Pol zum anderen, und sein Bild wird auf magische Weise durch Raum und Zeit weitergegeben. Dies sind die Geheimnisse unserer höherentwickelten Ahnen. Sicher, nicht alle konnten wiederentdeckt werden, vor allem jene nicht, die sich auf das Geheimnisvoll-Unbekannte beziehen. Initiatoren, die vom Himmel kommen, werden sie vielleicht in einer nahen Zukunft offenbaren.
So würde ein neuer, universaler Evolutionszyklus beginnen. Aber es ist wichtig, sich der wahren Werte bewußt zu werden und sich von Lügen und Gauklerkünsten frei zu machen. Ein Eingeweihter ist derjenige, der etwas weiß, viel verschweigt, oft spricht. »Denn es ist nichts Verborgenes, das nicht an die Öffentlichkeit gelangen soll. Wer Ohren hat, der höre!«

Frankreich ist so reich an Geheimnissen, daß man ein ganzes Buch über seine unbekannten Bauwerke und Sehenswürdigkeiten schreiben könnte. In allen Departements, sogar in Paris, entdeckt der interessierte Forscher wahre Wunderwerke, doch für viele bleiben sie unsichtbar. Es verhält sich mit ihnen wohl so wie mit den Initiationsheiligtümern, »die jenen offenstehen, welche den Eintritt verdienen, für andere aber unauffindbar sind, denn eine Art Zauber lenkt ihre Schritte immer in die falsche Richtung«.

Der Brunnen von Vénérand

In Vénérand, einige Kilometer von Saintes entfernt, kann man einen Brunnen bewundern, der schöner ist als die berühmten Brunnen von Rom, Viterbo und Lyon oder der Medici-Brunnen in Paris. Angeblich ist es ein römischer Brunnen, doch besteht darüber keine Gewißheit.
Ich will versuchen, diesen Brunnen möglichst anschaulich zu schildern: Man stelle sich einen Hügel mit zahlreichen unterirdischen Gängen vor. So ein Erdspalt voll Schatten und Grün, zu dem der Weg unter riesigen, horizontal wachsenden Bäumen führt, endet plötzlich vor einer steilen Stiege, die so breit wie eine Straße ist. Ist man bei der Stiege angelangt, erblickt man auch schon den Brunnen mit seinem doppelten Becken (ein kleineres befindet sich in einem größeren). Um den Brunnen herum führt ein schmaler Weg, der direkt aus dem Stein gehauen und mit einer Höhle verbunden ist, in der die Quelle zu entspringen scheint. Lianen, Moos, Zungenfarne wuchern am Abhang des Hügels und schaffen eine so hinreißende Kulisse, wie sie kein Bühnenbildner prächtiger entwerfen könnte.
In einer Nische thront eine Marienstatue und gibt dem Ort einen christlichen Anstrich. Vor 2 000 Jahren dürfte an ihrer Stelle eine Minerva, eine Diana oder eine Epona gestanden haben. Das Ganze wirkt wie ein Taufbecken mit doppeltem Boden, und es konnte wohl kaum einem anderen Zweck gedient haben. Aber welche Art von Taufe wurde darin gespendet?
André Vinet, der Besitzer des Grundstückes, über das man zum Brunnen gelangt, bestätigt, daß nur ganz wenige Besucher das malerische Plätzchen in Vénérand entdecken.

Das Feld der Idole

Wer Spaß daran findet, eine Vorstellung vom Mondboden zu erhalten und bizarre Städte zu sehen, der sollte einmal einen Spaziergang in Richtung Saint-Barnabé am Col de Vence (Departement Alpes-Maritimes) machen.
Auf einem unfruchtbaren Plateau, wo selbst die Schafe nur mit Mühe ihre Nahrung finden, kann man deutlich eine Unzahl kleiner Krater erkennen, deren Durchmesser im Durchschnitt zwischen 10 und 20 m liegt. Der Höhenunterschied zwischen den Rändern und der Mitte ist gering, aber das Gras und die Flechten wachsen dort anders als außerhalb, was doch erstaunlich ist.
Über das ganze Plateau verstreut liegen diese kleinen Trichter. Sie erinnern stark an die Mondoberfläche, wie sie uns von Fotos bekannt ist. Sollte ein Regen von Meteorsteinen sie verursacht haben? Der sonderbare Charakter des Ortes wird noch durch die Tatsache verstärkt, daß man da und dort Bruchstücke von Mauern, Ansätze von Türmen und von Riesen bewachte Eingänge in den Felsen gehauen findet. Ist es ein Spiel der Natur oder das Zeugnis einer Titanenkultur (vielleicht verwandt oder identisch mit der Masma-Kultur des peruanischen Archäologen Daniel Ruzo)?
Guy Tarade und André Millou, die Direktoren des CEREIC in Nizza (Forschungszentrum für unbekannte Zivilisationserscheinungen), sagten mir, daß der Ort eine ausgesprochen magische Ausstrahlung hat; er wird als »Feld der Idole« bezeichnet und ist nur den Hirten und Jägern der Gegend bekannt.

Die Pyramide von Falicon

Es gibt tatsächlich eine Pyramide in Frankreich. Trotz ihrer geringeren Ausmaße erinnert sie an die große Cheops-Pyramide, und dennoch ist sie völlig unbekannt geblieben.
Zwar wurden zahllose Bücher über die »unbekannten« archäologischen und prähistorischen Stätten Frankreichs geschrieben, in denen auch der Eiffelturm, der Mont-Saint-Michel und die Festung von Carcassonne nicht vergessen wurden, in denen aber kein Wort vom Brunnen von Vénérand, von der Titanenstadt auf dem Feld der Idole, den hermetischen Türmen, dem Tal der Wunder, dem Museum von Glozel, dem »Medium-Museum« von Brantôme, den Troglodyten von Paris oder dem geheimnisvollen unterirdischen Heiligtum, in dem Initiationswissen vermittelt werden soll, steht.

Das Feld der Idole in Saint-Barnabé: Ruinen einer geheimnisvollen Siedlung oder eine Laune der Natur?

Es ist noch verzeihlich, ein unterirdisches Heiligtum zu verschweigen, dessen Existenz umstritten ist und jedenfalls geheimgehalten wird, aber eine Pyramide nicht zu sehen, die groß ist wie ein zweistöckiges Haus, hermetische Türme mit einer Höhe von 23 m zu ignorieren, das ist doch nicht zu glauben!

Dabei sieht man von Falicon, einem Dorf, das direkt über Nizza liegt, diese »unsichtbare« Pyramide auf 2 km Entfernung. Um ganz ehrlich zu sein: Es gibt einige Prähistoriker und eine Handvoll Höhlenforscher, die das Bauwerk zwar kennen, sich aber entweder aus Gleichgültigkeit oder mangelnder Bildung nicht dafür interessiert haben.

Der Bürgermeister von Falicon, Nicolas Andréa, war so freundlich, mich zum Mont Cau zu begleiten. Der Weg führt nämlich durch einen Privatbesitz, den man nur mit einer Genehmigung betreten darf.

100 m vom Gipfel entfernt erhebt sich die Pyramide. Sie ist aus Quadersteinen errichtet, die mit Zement verbunden sind. Die Qualität des Zements ist besser als jene des römischen. Die Kanten der Pyramide sind ungleich, da sie auf einem steilen Abhang liegt. Sie erhebt sich über einer großen Höhle, die sich gleich einem riesigen, abgrundtiefen Rachen mit einem Durchmesser von 2 bis 3 m öffnet.

Die Ostfront ist von einer 2,50 m hohen torähnlichen Öffnung durchbrochen. Direkt darunter beginnt die Höhle, das heißt also, daß man die Pyramide nicht betreten kann, da sie sich über den Abgrund wölbt. Durch die Orientierung der Öffnung kann die Sonne an Sommermorgen gegen 10 Uhr die weiße Kalzitsäule beleuchten, die das Gewölbe eines unterirdischen Tempels trägt.

Die Hauptkanten der Pyramide, wie auch ihre Grundlinien, haben eine Länge von 6,60 m, aber die Spitze – das Pyramidion – fehlt. Ursprünglich dürfte die Länge der Kanten bei 9 m gelegen haben, vorausgesetzt, daß die Pyramide nach oben spitz zulief.

Um in die Höhle ungefähr 15 m tief hinabzusteigen, braucht man eine richtige Speleologen-Ausrüstung. Ein Italiener aus Turin namens Rossetti hat im Jahre 1803 als erster uns bekannter Entdecker die Höhle erforscht.

In Begleitung von André Millou habe ich dort eine mächtige zentrale Säule gefunden (ein früherer Stalaktit), der das 5 bis 10 m hohe Gewölbe eines großen Saals (Durchmesser: 20 m) trägt. Uns vermittelte das Ganze den Eindruck einer unterirdischen Kathedrale mit einem Triforium aus Stalagmiten und Stalaktiten, das im Licht eines Scheinwerfers von eindrucksvoller Schönheit war.

Im östlichen Teil des Saals konnten wir einen Initiationsaltar erkennen, dessen Tabernakel zwar nicht mehr vorhanden war, zu dem aber sieben Stufen führten, die in gutem Zustand und zweifellos von Menschenhand in den Felsen gehauen worden waren. Signor Rossetti hatte diese Stufen in seinem Bericht unerwähnt gelassen, dabei sind sie von nicht geringem Interesse.

In der Tiefe des Saals, auf der linken Seite, sieht man zwei Löcher (vielleicht Brunnen), von denen das eine zugeschüttet ist, während das andere senkrecht in unergründliche Tiefen führt.

»Das Auge taucht in ein finsteres Loch«, schreibt Rossetti, »trotz des starken Lichts, das ich hinabsandte, konnte ich die Finsternis nicht durchdringen. Sicher wird es eines Tages einem mutigen Menschen gelingen, es zu erforschen. Ich für meine Person habe es vergeblich versucht: Angst und Schrecken ergriffen alle jene, an die ich ein solches Ansinnen stellte.«

Uns jagte der Schacht zwar keinen Schrecken ein, doch da wir keine Strickleiter mit uns führten, konnten wir uns nicht in diesen an manchen Stellen gefährlich engen Schlauch wagen.

Bis zum Jahre 1922 blieb die Pyramide vergessen. Zu dieser Zeit ließ sich im nahen Dorf ein sonderbarer Patriarch nieder, der Gothland hieß (er lebt heute nicht mehr) und die Sekte der »Praktischen Universalität« gründete. Er war mit okkulten Praktiken vertraut und entdeckte das Bauwerk wieder. Bei seinem Versuch, sein Alter festzustellen, gründete er sich auf Angaben aus den Überlieferungen: Er »maß 60° Differenz durch das Vorrücken der Äquinoktien in der umgekehrten Richtung zur Erdumdrehung. Wenn man weiß, daß die Verschiebung ein Grad in 72 Jahren beträgt, wäre das Alter der Pyramide 4 335 Jahre«.

Bis zum Jahre 1921 – ich zitiere hier einen Text – schmückte eine Swastika den Giebel an der Ostfront über dem Eingang. Die Swastika ist das heilige Symbol der Dschaina-Sekte, und sonderbarerweise heißt das nächste und zugleich auch älteste Dorf der Gegend in den Katastern Jain oder Jaina. Sein heutiger Name ist Gaina. Die indischen Dschainas sollen sogar in Europa und Südamerika Pyramiden gebaut haben.

Nach Meinung von Gothland hat der Altar im unterirdischen Saal der Abhaltung von Initiationsriten gedient. Außerdem mußten sich die Einzuweihenden im Inneren der beiden Höhlen der Feuer-, Wasser- und Luftprobe unterziehen.

Im Jahre 1927 stiegen mehrere Höhlenforscher in den »dunklen Abgrund« hinab, der sich als ein 6 bis 8 m langer Kamin erwies, der von einem Spalt durchbrochen war. Ungefähr 10 m tiefer faßten sie Fuß auf einem lehmigen und rutschigen Boden. Zahlreiche Felsspalten zu beiden Seiten verloren sich im Berg. Wenn man noch weiter hinuntersteigt, gelangt man endlich auf den Grund und damit in eine geräumige, 30 m lange und 20 m hohe Höhle.

Hier, am tiefsten Grund der Höhle, befindet sich eine zweite Pyramide, die aus großen Felsbrocken besteht. Diese wurden entweder von der Decke gelöst oder von geheimnisvollen Personen vom höher gelegenen Saal herabfallen gelassen. Diese Geröllpyramide hat eine Grundlinie von rund 20 m und eine Höhe von 10 m. Es gibt auch noch zwei Stalaktiten in der Höhle. Einige Öffnungen führen noch weiter, doch sind sie so eng, daß sich nur ein Kind durchzwängen könnte. Die Wände sind mit einer stellenweise 2 cm dicken Kienrußschicht bedeckt.

Ist es eine prähistorische Behausung? Ein Einweihungsraum, zu dem ein leichterer Zugang führt? Dies alles sind Fragen, auf die es bis jetzt keine Antwort gibt. Eine Legende berichtet, daß eine Katze in die Höhle geworfen wurde und schließlich in einer Höhle von Nizza wieder ans Tageslicht gekommen ist.

Im 12. Jahrhundert sollen Templer in Falicon gewohnt und den geheimen Zugang zum Saal mit der zweiten Pyramide gekannt haben, die vielleicht wie jene von Antiochus I. in Nemrut Dag (Antitaurus) ein Schatzversteck ist! Übrigens ist die Parallele zwischen diesen beiden Pyramiden interessant: Beide bestehen sie aus Steinen, Felsen und Schutt, was selten vorkommt; beide sind sie dem Feuer geweiht, in Nemrut Dag durch die Terrassen, in Falicon durch die geschwärzten Wände; alle beide wurden wahrscheinlich zu Ehren Mithras, des Gottes der alten Perser, erbaut, dessen Kult in Höhlen zelebriert wurde.

Soweit die bekannten Fakten über die Pyramide von Falicon; doch bringen sie uns nicht sehr weit, denn sie ergeben insgesamt keine Antwort auf die Frage nach der Bestimmung des Bauwerks.

Die Pyramide von Autun

Pyramiden stellen immer Rätsel dar, selbst in Ländern wie Ägypten, Mexiko und China, wo man sie zu Hunderten findet. Sie wurden bisher auch keineswegs alle erfaßt, denn die Pyramide von Falicon war bis vor wenigen Jahren ebenso unbekannt wie die Überreste einer Pyramide, die es noch in Autun gibt. Sie befindet sich 1 km von der Stadt entfernt, auf halber Höhe des Berges Briscou. Die Stelle wird »Urnenfeld« genannt, weil man dort mehrere Vasen aus Ton und Glas gefunden hat, die vermutlich Bestattungszwecken dienten. Die Pyramide trägt den Namen ihres Entdeckers Pierre de Couhard. Sie hatte ursprünglich eine viereckige Basis, mit einer Länge von rund 17 m und einer Höhe von 27 m. Die Verkleidung ist vollkommen abgefallen, doch das übriggebliebene Mauerwerk ist von außerordentlicher Beständigkeit.

Ein Wissenschaftler aus Autun, Monsieur Desplaces, unterzog das Bauwerk einer genauen Untersuchung. Dabei stellte er fest, daß der Erbauer mehrere hohle Pyramiden wie Trichter übereinander

Die Pyramide von Falicon

Die Pyramide von Autun im vorigen Jahrhundert. Heute ist sie nur noch eine bewachsene Ruine

gelagert hatte. Doch auch er konnte sich die Bestimmung des Bauwerks nicht erklären. Manche Forscher sahen darin ein Grabmal, ähnlich jenem, das in Mainz zu Ehren von Drusus errichtet wurde; man nahm dabei an, daß es das Grabmal des Divitiacus sein könnte. Andere wieder hielten die Pyramide für eine Art Observatorium oder Signalturm.
Ein wichtiges Detail macht diese Hypothesen zunichte und verbindet die Couhard-Pyramide direkt mit jener von Falicon, aber auch mit den Pyramiden in Ägypten, China und Mexiko: In ihrem Inneren befindet sich nämlich ein Schacht, dessen Tiefe nach der Überlieferung unerforschlich ist. Dies ist ein wichtiges Indiz, denn Pyramiden sind immer entweder über einer natürlichen Höhlung erbaut, wie zum Beispiel in Chichen Itzá (Mexiko), in China und Falicon, oder es wird – wenn die natürliche Öffnung nicht vorhanden ist – ein Schacht gegraben. Von der direkten Verbindung mit der Erde erwartete man sich eine magische Wirkung.
Dies trifft auch für die große Pyramide von Gizeh zu: Es führt ein Schacht schräg in die Tiefe, der nie erforscht wurde, da ihm nicht das Interesse zuteil wurde, das er eigentlich verdiente. Es ist also kein Zufall, daß Pyramiden immer über einer Höhle oder einem künstlichen Schacht stehen.
Schließlich gibt es noch eine Art Pyramide in Vienne, die »Le Plan de l'Aiguille« genannt wird. Doch ist das Bauwerk mit seiner Höhe von 15,50 m und seinen vier Arkaden eher ein Obelisk, von dem man außerdem weiß, daß er aus der Römerzeit stammt.
Im Dorf Commelle, bei Orry-la-Ville (Departement Oise), wird eine Totenlaterne aus dem 13. Jahrhundert gezeigt: Auch sie ist pyramidenförmig und läßt dadurch vielleicht einen Schluß auf die anderen Bauwerke zu.
Man mag diese oder jene Lösung für richtig halten, doch um dem Geheimnis der großen Pyramiden auf die Spur zu kommen, muß man nach Asien sehen.

Die große Pyramide in China

Die große chinesische Pyramide liegt in der Provinz Schensi, 40 Meilen südwestlich von Sian. »Zufällig« befindet sie sich in einer Sperrzone. Die Diskretion der Chinesen über das Bauwerk steht sicher mit der militärischen Bestimmung der Örtlichkeiten in Zusammenhang; es ist nicht einmal ihre genaue Höhe bekannt. Amerikanische Piloten, die die Pyramide fotografiert haben,

glauben, daß sie doppelt so groß wie die Cheops-Pyramide (138 m) ist; sie geben 1000 Fuß (300 m) als ungefähre Höhe an. Damit wäre sie die höchste Pyramide der Welt, mit Ausnahme jener von Cholula in Mexiko, die direkt die Fortsetzung eines Berges bildet.
Ihr Alter kann nur sehr approximativ angegeben werden; im allgemeinen datiert man sie in die Dynastie der Hsia, die vor 4000 Jahren herrschten. Archäologische Grabungen haben wunderbare Gegenstände aus Jade und »grüne Steine« zutage gefördert. Meiner Meinung nach läßt dies darauf schließen, daß auch diese Pyramide zu der Zeit erbaut wurde, als höherentwickelte Venusier Mexiko, Peru und Kleinasien beherrschten.
Da sich das Zeichen des Stiers in großer Häufigkeit in den chinesischen Geheimtexten findet, dürften die Zivilisatoren, die im Schensi auftraten, Landsleute von Quetzalcoatl und Baal gewesen sein.
Man hat auf der großen chinesischen Pyramide Spuren ihrer ursprünglichen Bemalung gefunden, die nach jeder Himmelsrichtung in anderer Farbe ausgeführt war: schwarz im Norden, blaugrau im Osten, rot im Süden, weiß im Westen. Das Pyramidion, also die Spitze, war gelb bemalt, ein Hinweis auf den Anspruch der Chinesen, das Zentrum der Welt zu bilden.
Eine andere Pyramide, die östlich von Sian liegt, diente vor 2000 Jahren dem Kaiser Ch'in Shih Huang-Ti als Grabstätte. Doch auch von ihr weiß man nur wenig über Ausmaße und Bestimmung.

Die Pyramide von Chan-pa-Chan

Sowenig man über die chinesischen Pyramiden weiß, so bekannt ist die Pyramide von Chan-pa-Chan. Sie liegt in den Bergen des Turkestan und ist das Ziel zahlreicher Wallfahrten, denn sie wird von der östlichen Gruppe der Tataren als die Wiege ihres Volkes betrachtet. Hören wir, was die Überlieferung berichtet:
»Da sich die Volksstämme nach der Sintflut nicht in Türme zurückziehen konnten, die bis zum Himmel hinaufreichten, ließen sie sich auf den hohen Bergen nieder, um sich vor den verheerenden Folgen einer neuerlichen Sintflut zu schützen.
Erst als die Herden zuwenig Nahrung fanden und auch der Boden nicht genug Pflanzen für die Ernährung der sich vermehrenden Menschen hervorbrachte, ließen sich diese Völker in den Ebenen nieder, die sie oft trockenlegen mußten, bevor sie herabsteigen konnten.
Daher stammt die Achtung der Orientalen vor den heiligen Bergen.

Diese Verehrung bezeugen sie durch jährliche Pilgerfahrten, bei denen Opfer dargebracht, Gelübde abgelegt und Gebete gesprochen werden.« (Zitiert nach Orsini, in einem Bericht von Louis de Sivry.)
Endlich eine Erklärung! Sie ist so einfach, so einleuchtend, daß sie meiner Ansicht nach auch stimmen dürfte. Ich glaube aus dem Zitat ableiten zu können, *daß die Pyramiden Bauwerke sind, die nach der Sintflut von der Menschheit zum Dank an den Berg für die Rettung errichtet wurden.*
Wenn diese Erklärung auch nicht für alle Pyramiden der Erde zutrifft (zum Beispiel für Falicon und Autun), so doch für die meisten, insbesondere für die Bauten im ägyptischen Flachland, für den Turm von Tchoga-Zanbil im Iran und für die Pyramiden von Rapa-Iti (Polynesien), die auf den höchsten Bergen liegen.

Initiationshöhlen

Die Pyramide von Falicon kann allerdings nicht als Dankesbeweis für die Errettung vor der Sintflut betrachtet werden. Daher wurden Hypothesen über eine mögliche magische Bestimmung aufgestellt, insbesondere von Guy Tarade, der sich dabei auf merkwürdige Experimente stützt, die von den Professoren Bissonette und Benoit gemacht wurden.
Diese beiden Biologen haben festgestellt, daß sich durch die Lichteinwirkung auf Kopf und Augen ein stimulierender Effekt auf den Sexualapparat ergibt, und zwar bedingt durch die Hypophyse und das von ihr erzeugte Gonadotropin. Gelbe Strahlen sollen eine besonders starke Wirkung haben.
Aus diesen Überlegungen läßt sich andererseits ableiten, daß die Dunkelheit eine gegensätzliche Wirkung haben muß und jedenfalls Drüsenstörungen bewirken könnte. Genau das ist zum Beispiel in der Polarnacht der Fall, während der die Menstruationszyklen der Eskimofrauen gestört sind.
Werden die Schönen der Nacht und die untätigen Damen der »High Snobiety«, die ihren Lebenssinn in einem erfolgreichen Nachtleben sehen (und daher tagsüber schlafen), aus diesem Grund frigide?
Francis Mazières schreibt, daß auf der Osterinsel einst die Kinder beiderlei Geschlechts in finsteren Höhlen aufgezogen wurden, um auf diese Art ihre geistigen und psychischen Fähigkeiten zu entwickeln.

Können die Höhlen genetische Versuchskammern gewesen sein nach dem Beispiel des Heiligtums von Agartha in Tibet, wo der Unterricht besonders auf die Keuschheit und Entwicklung der psychischen Kräfte abzielt?
Der Initiationsaltar von Falicon und die finsteren, geheimen Kammern in allen Pyramiden stützen diese These und sind mit dem Mithra-Kult, mit der Magie und dem Mythos der »geheimnisvollen Höhle« der Ägypter verbunden, in denen die Einheit von Körper und Seele vollzogen wurde.

Die hermetischen Türme

Aber ich kenne noch rätselhaftere Bauten als die Pyramiden: die hermetischen Türme, deren Funktion bis heute nicht geklärt ist.
Diese Bauten haben einen rechteckigen Grundriß, eine Höhe von 10 bis 25 m und oben ein Dach, aber keine Öffnung, weder Tür noch Fenster. Sie haben außerdem innen keinen Hohlraum.
Wozu dienten sie? Dies blieb bis heute ein undurchdringliches Geheimnis. Lange Zeit glaubte man, daß sie Signaltürme, Beobachtungsposten, Grabmäler waren. Doch keine dieser Vermutungen konnte sich auf den geringsten Beweis stützen.
Der bekannteste dieser Türme ist jener von Cinq-Mars-la-Pile im Departement Indre-et-Loire. Er steht am Abhang eines Hügels (nicht etwa auf dem nur 50 m weiter entfernten Gipfel) und ist aus römischen Ziegeln erbaut.
In Ebéon (Charente-Maritime), an der Straße nach Saintes, steht ein 13 m hoher hermetischer Turm; in Pierrelonge bei Saint-Romain-de-Benest ein anderer mit 23 m Höhe.
Das Mauerwerk wurde bei all diesen Türmen an verschiedenen Stellen ausgebrochen, wahrscheinlich von Schatzsuchern, denn wo es ein Geheimnis gibt, wird immer gleich ein Schatz vermutet. Natürlich hat man nichts gefunden, aber alle Türme sind dadurch beschädigt worden.
Am Fuße des Turms von Villepouge (Charente-Maritime) haben Archäologen im Jahre 1896 eine dicke Mauer freigelegt, die eine kleine Umfriedung bildete und ein Eingangstor aufwies. Man fand dort eine Münze aus der Zeit von Antoninus Pius (2. Jh.), Bruchstücke römischer Töpfereien, einen »doppelten Frauenkopf« in natürlicher Größe und zwei Bleitafeln aus den ersten Jahren unserer Zeitrechnung, auf denen magische Verwünschungen in lateinischer Sprache standen.

Dies ist der einzige Hinweis, den man über die geheimnisvollen Bauwerke besitzt. Dennoch dürften sie mit den *nouraggi* auf Sardinien, den Pagoden von Parsis, den Türmen im Kaukasus und den in Irland so zahlreich vorhandenen phallusförmigen *turaghans* verwandt sein. Über alle diese Bauwerke gibt es keine schriftlichen Zeugnisse, die den Forschern einen Weg weisen würden.
»Aber diese Monumente«, schreibt Antonio Borio in seinem Buch über Sardinien, »bezeugen die Präsenz eines unbekannten Volkes, das eine bemerkenswerte Kultur geschaffen hat – wahrscheinlich die Shardana, die vom Meer und den nordischen Inseln gekommen waren und in Ägypten als Feinde oder Söldner der Pharaonen gekämpft haben.«
In Indien gibt es noch zahlreiche Stupas, turmähnliche Bauten zur Aufbewahrung der Asche Buddhas. Vielleicht haben die Anhänger der Dschaina-Religion, als sie ins Land ihrer Ahnen zurückkehrten, die Pyramide von Falicon und die hermetischen Türme in Frankreich erbaut.
In den Pyramiden, Nouraggi, hermetischen Türmen und Turaghans findet man die gemeinsame Linie des Menhirs der Kelten und Pelasger wieder. Sie könnten alle dieselbe Bestimmung gehabt haben: Sie bewirkten eine Art Nadelpunktierung der Erde und stellten Kräftespeicher dar, wie wir sie heute nicht mehr kennen.

Der Steinkegel

Charles S. lebt zurückgezogen auf einer Insel vor der Atlantikküste, und seine Nachbarn glauben, daß er sich mit Astrologie und Metaphysik beschäftigt. Sie nennen ihn »unser Wissenschaftler«, manche sagen auch »unser Zauberer«.
Persönlich bin ich der Meinung, daß er ein Forscher des Geheimnisvoll-Unbekannten ist, vielleicht sogar ein Eingeweihter. Da Charles S. äußerst wortkarg ist, kann man nur schwer etwas von ihm oder über ihn erfahren. Immerhin hatte ich den Vorzug, von ihm empfangen zu werden. Wenn es auch schwierig war, mit ihm Kontakt zu bekommen, so hat er mir doch Gelegenheit geboten, zum erstenmal jenen geheimnisvoll-unbekannten Bereich zu betreten, der sich gewöhnlich unseren Forschungen entzieht.
Im Garten neben dem Wohnhaus des Metaphysikers befindet sich

Der hermetische Turm von Ebéon hat keine Tür, kein Fenster, keine andere Öffnung

eine nach außen hin ganz gewöhnliche Werkstätte; in ihrem Inneren aber steht ein sorgfältig gemauerter Steinkegel mit einer Höhe von rund 2 m, der wie die Türme in der Charente-Maritime keine einzige Öffnung hat. Er ruht auf einem Zementsockel, und es kann kein Zweifel bestehen, daß niemand durch einen geheimen Eingang hineingelangen kann.

Dieser Steinkegel dient phantastischen Experimenten, die sich der klassischen Wissenschaft vollkommen entziehen. Charles S. hat mir das System erklärt, das es ihm ermöglicht, in *telegraphische* Verbindung mit dem Jenseits zu treten.

»Ich habe diesen Steinkegel selbst gebaut«, sagte er mir. »Im Inneren ist ein größerer Hohlraum ausgespart, wo auf einem Tisch ein richtiger Morseapparat steht; durch einen Kontaktschalter, wie man sie früher bei der Post sehen konnte, werden Signale abgegeben. Die einzige Besonderheit dieses Kontaktschalters besteht darin, daß er sehr empfindlich ist, so empfindlich sogar, daß er nicht von Menschenhand bedient werden könnte.«

Der Morseapparat ist durch eingemauerte Drähte mit Akkumulatoren und einem einfachen Empfangsgerät verbunden, die sich außerhalb des Kegels befinden. Das Empfangsgerät besteht aus einem Gehäuse mit einer drehbaren Papierrolle, einem Elektromagnet und einem Stift, den man bei Durchführung der Experimente mit Stempelfarbe anfeuchten muß.

Insgesamt handelt es sich also um ein einfaches Sende- und Empfangssystem, das nur vom Inneren des Steinkegels aus betrieben werden kann. Da sich dort kein Mensch befindet, könnte man annehmen, daß es unmöglich ist, Botschaften zu empfangen. Und doch ist dies der Fall, und darin liegt das Wunder.

»Jahr für Jahr erhalte ich Dutzende von Botschaften«, sagte Charles S. »Manche bestehen nur aus einem einzigen Wort, andere sind etwas länger.«

»In welcher Sprache sind sie geschrieben?«

»In Morse, das heißt nach dem üblichen Kode, bei dem ein Punkt ein *e,* ein Strich ein *t,* ein Punkt und ein Strich ein *a* ist, usw. Viele der empfangenen Wörter sind mir unverständlich; andere wieder sind französisch, deutsch, italienisch und vor allem englisch.

Sehr häufig kommt das Wort *mora* vor, ohne daß ich seine Bedeutung erfahren konnte; ziemlich oft empfange ich auch die Worte *alval, diar, metes.* Die deutlichste französische Botschaft besagte: *Kraft der Erde unmöglich,* was mich sehr verwirrt hat.

Der hermetische Turm von Pierrelonge bei Saint-Romain-de-Benest

Ich bemühe mich schon lange, den Apparat zu verbessern, aber das wäre zu langwierig zu erklären . . .«
Charles S. hat mir eine Papierrolle gezeigt, auf denen die Kommunikationsversuche der unsichtbaren Wesen aufgezeichnet waren. Das Papier war mit Punkten und Strichen bedeckt, von denen manche kaum zu sehen, andere wieder sehr deutlich waren. Die Abstände zwischen den Buchstaben waren klar zu erkennen.
Ich hatte sogar das Glück, einem zwar bescheidenen, aber immerhin überzeugenden Empfang beizuwohnen: Gesendet wurden die beiden Buchstaben A und T.
»Ein Zufall«, sagte Charles S. »Aber ich bin sehr froh, daß Sie ein Experiment erleben konnten. Für mich besteht die Hauptschwierigkeit darin, daß ich die günstigen Augenblicke erraten muß. Ich habe mich daran gewöhnt, und jetzt fühle ich, wenn eine Verbindung zustande kommen soll; dann gehe ich in den Schuppen und warte geduldig.«
»Von wo kommen diese Botschaften?«
Charles S. zögert kurz, um dann zu sagen: »Ich weiß es nicht!«
Doch ich lasse nicht locker: »Aber Sie müssen doch irgendeine Idee haben? Sind es Botschaften aus dem Jenseits? Eines Geistes? Von einem anderen Planeten?«
»Ich glaube nicht an das, was Sie Geister nennen«, antwortete schließlich der Wissenschaftler. »Es gibt sicher im Raum herumirrende Kräfte, aber es dürfte auch andere Welten geben, die sich unseren Nachforschungen entziehen.«
Charles S. hat mir die Tür zum Geheimnisvoll-Unbekannten nur einen Spalt breit geöffnet. Er hat sehr ausweichend von Botschaften gesprochen, die mit dem Sanskrit verwandt sind. Er entließ mich mit diesen rätselhaften Worten, die so hermetisch sind wie der Turm von Pierrelonge: »Kräfte aus dem Jenseits versuchen sich zu manifestieren. Sie sagen schreckliche Dinge . . .«
Nächstes Jahr – später wird Charles S. sicher mehr sagen. Vielleicht steht er unter einem Verbot.
Auf der ganzen Welt gibt es hermetische, rätselhafte Türme, Pyramiden, die einst der Entdeckung gewaltiger okkulter Kräfte dienten. Es gibt unterirdische Initiationszentren, die wir nicht kennen und die weder Agartha noch der Tempel in der Wüste Gobi sind. Das Geheimnis besteht weiter, und jene, die etwas wissen, werden erst sprechen, wenn die Stunde der Offenbarungen gekommen ist.
Aber es mehren sich die Hinweise, daß diese Stunde nahe ist, da sich das Verborgene immer deutlicher bemerkbar macht und die Türen sich langsam auftun.

7 Drogen und Visionen

Unser Gehirn besteht aus Milliarden von Neuronen (Nervenzellen), die den Speicher des menschlichen Wissens bilden. Nur ein Teil von ihnen – rund ein Drittel – wird tatsächlich beansprucht. Die Mehrzahl der Zellen bleibt passiv, wie nicht angedrehte Lampen oder geschlossene Bücher. Wenn es uns gelänge, sie alle zu aktivieren, gäbe es keine unlösbaren Probleme mehr. Ein Mensch, der die Möglichkeiten seines Gehirns voll ausschöpfen könnte, würde eine solche Überlegenheit erwerben, daß Pascal oder Einstein im Vergleich zu ihm armselige Zwerge wären.
Manchmal arbeitet der Gehirnmechanismus bis zu 40 oder 50 Prozent, und das privilegierte Wesen wird ein Genie. Dies war der Fall bei Berühmtheiten wie Pythagoras, Platon, Pico della Mirandola, Pascal, Einstein, aber auch bei Rémi Crampe, jenem einfachen Hirten von Ousté (Hautes-Pyrénées), der bei den militärischen Auswahltests alle Ingenieure, Universitätsassistenten und Dozenten überragte, die gleichzeitig mit ihm angetreten waren. Auch der kleine Venezianer Paolo Z. soll hier erwähnt werden: Im Alter von fünf Jahren wurde er durch einen Steinwurf am Kopf verletzt. Der Unfall bewirkte eine gewisse Anomalie in seinem Gehirn, die Paolo zu einem ausgezeichneten Schüler, aber auch genialen Kleptomanen machte.
Ist es dem Menschen bestimmt, eines Tages alle seine unbekannten und ungeahnten Fähigkeiten auszuschöpfen? Dann würde sich die Menschheit immer weiter entwickeln und allmählich das Stadium der Gottähnlichkeit oder gar der Göttlichkeit erreichen. In einem Jahrhundert oder Jahrtausend wären unsere Nachfahren die Herren des Kosmos.
Dies wird auch von manchen philosophischen Schulen und Religionen gelehrt, doch auf Grund irgendeiner Intuition sträubt sich der Mensch gegen eine solche Eschatologie, die ihm die Herrschaft über die Welt und die Gleichrangigkeit mit Gott verspricht. Auch ist die Möglichkeit nicht von der Hand zu weisen, daß ein Teil der Gehirnzellen seine Aufgabe bereits in der Vergangenheit erfüllt hat und nicht mehr die erwartete große Rolle in der Zukunft spielen kann.

Das Gehirn als Computer

Die Tätigkeit des Gehirns ist ein elektronischer Vorgang, bei dem Energie entwickelt wird. Sie wird durch die vom Blut geführte Glukose und den Sauerstoff genährt, mit dem das Zerebralgewebe versorgt wird. Wenn diese Bedingungen erfüllt sind, können die Nervenzellen Energie erzeugen und somit funktionieren.
Es ist unerläßlich, diesen biologischen Prozeß zu kennen, um einen Teil des Geheimnisses der Initiation zu erfassen. Vereinfachend ausgedrückt kann man sagen, daß das Denken, die Intelligenz, das Wissen und die Initiation eng mit der Ernährung, insbesondere mit der Einnahme gewisser Substanzen verbunden sind, die – sobald sie in den Blutkreislauf gelangen – die Neuronen auf verschiedene Weise reizen können.
Es ist also möglich, die Erleuchtung, das Genie künstlich zu erzeugen, aber auch die Verdummung und den Wahnsinn. Schlaf- und Beruhigungsmittel stumpfen das Gehirn ab. Andere Produkte regen das Wahrnehmungsvermögen an und steigern die Intelligenz. Wieder andere (die sogenannten Psychodysleptika) erzeugen das Vermögen des Hellsehens, die Erleuchtung, und ermöglichen echte Versetzungen in Raum und Zeit. Es sind dies die Drogen mit halluzinogener Wirkung.

Initiationsdrogen

Es wäre völlig falsch zu behaupten, daß Moses, Buddha, Pythagoras, Christus und Einstein Eingeweihte oder Genies waren, weil sie Wunderdrogen zu sich nahmen. Das Problem läßt sich nicht so einfach abtun.
Vom Standpunkt der reinen Vernunft fällt es schwer, an göttliche Offenbarungen zu glauben, also an ein direktes Gespräch Gottes oder der Götter mit einem menschlichen Wesen. Nach dem heutigen Stand der Wissenschaft kann für ein solches Phänomen keine Erklärung gefunden werden, was allerdings nicht bedeutet, daß es nicht stattgefunden hat oder stattfinden könnte.
Man kann sogar sagen, das Phänomen ist vom wissenschaftlichen Standpunkt vertretbar, wenn man von der Annahme ausgeht, daß Gott mit der universalen Intelligenz identisch ist und die Götter mit Initiatoren, die es in Fleisch und Blut gegeben hat und die vielleicht noch immer in der Raumzeit oder in einer Parallelwelt existieren.
Von dieser Betrachtungsweise ausgehend, findet der angeblich

wunderbare Kontakt eine – wenn auch unvollständige – Erklärung: entweder durch eine Überhöhung des menschlichen Denkens oder durch den abstrakteren Vorgang einer Reise durch die Zeit.
Nach der klinischen Analyse muß das Gehirn des Eingeweihten, des Wissenschaftlers oder Propheten einen Zustrom erhalten, der außerordentlich reich an Glukose ist, verbunden mit einer ungeheuer stimulierenden Durchblutung des Zerebralgewebes. Der Vorgang wird entweder durch die Aufnahme gewisser Nahrungsmittel oder durch einen geheimnisvollen psycho-chemischen Prozeß ausgelöst, der dieselbe Wirkung erzielt.
Seit den frühesten Zeiten und bis zum heutigen Tage ist dieser Weg zur Erleuchtung von allen Völkern und mit den verschiedensten Mitteln beschritten worden. Am häufigsten fand dabei die Droge, der sogenannte Initiationstrank, Verwendung. Welche sind nun die wichtigsten Drogen?
Nauacatl oder *teonanacatl:* halluzinogener Pilz der Azteken (Mexiko), der von den Indianern »Fleisch Gottes« und von den katholischen Mexikanern »Fleisch des Teufels« genannt wird. Dieser Pilz, die Psilocybe (eine Kahlkopfart), enthält ein Alkaloid (das Psilocybin), das Erinnerungsbilder und Visionen in grüner Farbe erzeugt.
In seiner *Geschichte Mexikos* schreibt der Historiker André Thevet im Jahre 1574 folgendes über die *curanderos* (Zauberer und Medizinmänner): »... der Teufel mißbraucht sie, indem er sie eine Pflanze essen läßt, die sie nauacatl nennen; sie macht sie von Sinnen und läßt sie viele Visionen sehen.«
Yage: tropische Schlingpflanze in Amerika. Wird als wässeriger Absud eingenommen. Steigert die Fähigkeit, auf große Entfernung zu sehen und zu hören.
Alexandre Rouhier schildert in seinem Buch *Les Plantes divinatoires* (Die Wahrsagepflanzen), wie die Pflanze von Schatzsuchern im Amazonasgebiet verwendet wird: Sie kochen 1 kg Lianen in mehreren Litern Wasser (bei Nacht, fügt er hinzu). Wenn nur mehr ein Glas voll Flüssigkeit übrig ist, wird es von der Versuchsperson getrunken und der Geschmack mit einem kräftigen Schluck Zuckerrohrbranntwein hinuntergeschwemmt. Dann verfällt sie in Halbschlaf. Sie wird an jene Orte geschleppt, an denen man versteckte Schätze vermutet. Man hilft ein wenig mit Gewalt nach und zwingt sie, fündige Stellen zu zeigen. Die Person sieht durch Mauern, Fels und Erde hindurch. Die Gefährten graben und finden fast immer einen Schatz an den angegebenen Stellen.
Ayahuasca oder *banisteria caapi:* eine andere Schlingpflanze im

Amazonasgebiet. Das daraus gewonnene Getränk muß in der Dunkelheit und Stille der Nacht eingenommen werden. Die Zauberer fügen noch etwas *yage* hinzu. Man nennt es »Liane der Träume«, »Liane der Geister« oder »Liane des Todes«, wenn die Dosis zu stark war.

Peyotl: die Pflanze, die wunderbare Dinge sehen läßt. Es ist ein kleiner Kaktus ohne Stacheln, der auf den Hochebenen wächst. In Mexiko wird er von den Kräutersammlern unter der Bezeichnung »peyotl-buttons« oder »mescal-buttons« verkauft. Sein Alkaloid, das Meskalin, bewirkt Visionen, die in ständiger Bewegung und in so unvorstellbar schönen Farben abrollen, daß die Versuchsperson immer wieder in Rufe des Erstaunens ausbricht. Die Visionen erfolgen bei vollem Bewußtsein. Geräusche werden in Farben umgewandelt.

Huanta: Nachtschattengewächse mit weißen Blüten; äußerst giftig. Man gewinnt daraus Probegetränke für die Zauberer. Sie verfallen für zwei bis drei Tage in Koma und bringen von ihrer Reise in das Land der Götter wertvolle Informationen über die Zukunft mit.

Huachuma: baumartiger Kaktus in Peru. Sein purgierender Saft verleiht die Gabe des Wahrsagens. Das *huachuma* ist nach Meinung der Christen das Bindeglied zwischen Mensch und Teufel. Pater Barnabé Cobo, ein Historiker aus der Zeit der spanischen Eroberung, schrieb: »Wenn die Indios von diesem Getränk berauscht sind, träumen sie von tausend außerordentlichen Dingen und halten sie für wahr.«

Tabak: In Südamerika wird die Einweihung und die Fähigkeit der Kommunikation mit himmlischen Geistern dadurch erworben, daß ein Tabakabsud getrunken und dann in einer hermetisch geschlossenen Hütte geraucht wird.

Tarasun: In Sibirien stellen die Burjäten mit kochendem Wasser einen Absud aus wildem Thymian, Wacholder und Tannenrinde her, in den sie noch einige Tropfen Bocksblut gießen.

Fliegenpilz oder *Hutpilz der Kamtschadalen:* giftiger Blätterschwamm, der von den Schamanen in Zentralasien in rohem Zustand verwendet wird. Sein Alkaloid, das Muskarin, ist in schwachen Dosen berauschend, in größeren jedoch tödlich. Bewirkt ähnliche Halluzinationen wie das Psilocybin, Hellseherei, Erinnerung.

Honda: Pilz aus Neuguinea. Die Papuas verwenden ihn wie die mexikanischen *curanderos*. Bewirkt Halluzinationen und religiöses Delirium.

LSD 25: Lysergsäure, Alkaloid aus dem Mutterkorn. Siebentausendmal stärker als das Meskalin. Euphorie oder Depressionen, je nach Dosis und Temperament. Stark gefärbte Halluzinationen, Beschleunigung der Bewegung und der Zeit wie bei einem Film mit 100 Bildern pro Sekunde; Verzerrung der Bilder, Machtgefühl, Wahnsinn.

Diese Pflanzen und Drogen erzeugen alle die Fähigkeit des Hellsehens. Deshalb nannte man sie früher »Gras der Propheten«; Rousseau (von Alexandre Rouhier zitiert) sagte, »daß sie die Organe der Phantasie von der Materie frei machten . . .«

Ihre Verwendung ist nicht so einfach, wie es scheint. Es muß vorher gefastet werden, außerdem ist eine durch Erfahrung erlernte Kontrolle unerläßlich, da sonst allzu viele Versuche tödlich enden würden.

Zu allen Zeiten haben die Eingeweihten gewisse Pflanzen mit einem Verbot belegt, insbesondere die Pilze; wahrscheinlich fürchteten sie, daß es zu Einweihungen kommen könnte, die nicht dem Verdienst, sondern dem Zufall entsprungen wären. So empfahl Pythagoras, keine Bohnen zu essen, und zwar mit folgender Begründung: »Da sich die Bohne aus denselben Elementen zusammensetzt wie der Mensch, kann sie bei Seelenwanderung zum Sitz der Seele werden.«

Cäsar hat sich über diese Erklärung lustig gemacht, und man muß auch zugeben, daß sie auf den ersten Blick nicht sehr vernünftig erscheint. Dagegen ist es unvorstellbar, daß ein so großer Wissenschaftler und Eingeweihter wie Pythagoras seinen Schülern eine Empfehlung gegeben hätte, ohne daß dies von besonderer Bedeutung gewesen wäre. Vielleicht hat Cicero den Schleier ein wenig gelüftet, als er sagte: »Die Bohne, so sagt man, verhindert, daß sich prophetische Träume äußern.« Gewiß müßte man sich intensiver mit dem Geheimnis der chemischen Zusammensetzungen beschäftigen, um zu entdecken – davon bin ich überzeugt –, daß Pythagoras wie immer recht hatte.

Neben den Drogen mit halluzinogener Wirkung, die ich angeführt habe, gibt es noch zahlreiche andere, wie den abessinischen *kal,* den *yohimbe* oder *iboga* in Afrika, den australischen *pituri,* den *thee,* den *kaffee,* die Alraune, den indischen Hanf (Haschisch), das Opium, die Kartoffelkeime und andere; ferner gibt es auch den Wein und das skandinavische Honigwasser, das aus Schwalbenwurzsaft (eine Pflanze amerikanischen Ursprungs), vermischt mit Milch, Gerste und Honig, bestand.

Der Wein, der verrückt macht

Nach dem Untergang der Atlanter, Hyperboreer und anderer großer Ahnen, deren ursprüngliche Heimat Nordamerika war, sahen sich die Kelten vom »Land der Götter getrennt«, das heißt von der Quelle des Wissens und der Einweihung. Aber sie wußten, daß »jenseits des Flusses Ozean, an den Grenzen der westlichen Welt«, der *greal* zu finden ist, jenes wunderbare Getränk der Urväter. Daraus entstanden die jahrtausendelangen Bemühungen, zu den Quellen zurückzukehren, es begann die *Suche nach dem Gral,* die unter dem Einfluß des christlichen Gedankenguts von ihrer ursprünglichen Form abwich und ihren wahren Inhalt verlor.

Fragen wir uns einmal, was der berauschende *greal* war, der die Freude ins Herz brachte und eine Fülle von Gedanken im Gehirn erzeugte. Wahrscheinlich wurde er aus dem sogenannten »Noha« gewonnen, einer Weinform, die das Landwirtschaftsministerium mit seinem Bann belegt hat. Der »Noha« ist nämlich verrufen, einen Wein hervorzubringen, der »verrückt macht«, was Grund genug ist, das echte Einweihungsgetränk, den wahren Gral zu verbieten.

Dieser besondere Wein ist, in vernünftigen Mengen genossen, nicht schädlicher als ein Bordeaux, Anjou, Vieux Cahors, und vielleicht weniger schädlich als der Burgunder, Beaujolais und provençalischer Wein. Es ist verboten, ihn zu pflanzen, wie es verboten ist, Tabak oder indischen Hanf zu pflanzen. Die Gründe für das Verbot liegen im okkulten Bereich, und selbst seine Urheber können sie nicht erklären.

In Wahrheit ist der »Noha« die einzige *natürliche Rebe,* die einen *natürlichen Wein* liefert. Alle anderen Rebarten sind von Krankheiten bedroht und müssen bis zu zwanzig Behandlungen mit Schwefel, Kupfervitriol und anderen chemischen Produkten unterzogen werden, die alle giftige Grundstoffe haben. Der Wein, den wir trinken, hat einen Giftzusatz, und der Rauschzustand, den er bewirkt, hat jene Eigenschaften verloren, die ihn in früheren Zeiten in den Augen gewisser Völker heilig machten. Dagegen bewirken der »Noha« und andere heute schon verschwundene Arten ein Delirium, wie es von den Drogen erzeugt wird.

Die Etymologie des Wortes Wein führt uns zum ursprünglichen Sinn dieses Getränks zurück: Wein kommt vom Sanskrit-Wort *véna* = geliebt, erwünscht; seine Wurzel ist *vên,* was in den Wedas die weingeisthaltige und heilige Flüssigkeit des *sôma* bezeichnet.

Die Weine der Antike unterschieden sich grundlegend von dem,

was wir heute als Wein bezeichnen: Sie wurden an der Sonne gelagert und oft mit Zusätzen von Meerwasser, verschiedenen Gewürzen und sogar mit Opium verbessert.
Heutzutage liefert der Weinstock als vergifteter Bastard keine halluzinogene Flüssigkeit mehr, aber es ist wahrscheinlich, daß er 2000 Jahre vor unserer Zeitrechnung noch seine ursprüngliche Kraft besaß. Die Kelten mit ihrer fröhlichen Art und dem Hang zur Übertreibung – im Ernstfall waren sie ein mutiges Volk – haben wohl den Wein besonders verehrt, der Kraft und Mut zu verzehnfachen scheint. Allerdings wuchs kein Wein in Gallien, nur die Druiden und Priester dürften ihn für die geheimen Zwecke ihres Amtes angebaut haben.
Das Honigwasser war nur ein Ersatz, denn der wahre Gral war jenes Getränk, das die irischen De'Danann einst von *Mag Meld,* der jenseits des Atlantik gelegenen »Ebene der Glückseligkeit«, gebracht hatten.
Der »Noha«, die letzte Abart der heiligen Pflanze der Atlanter, ist im Begriff, ganz zu verschwinden, gemeinsam mit den altüberlieferten Bräuchen unserer Ahnen, die man nicht mehr praktizieren darf, ohne in Verruf zu kommen. Nur einige Eingeweihte setzen sich über das Gesetz hinweg und pflanzen weiter jene Rebe, deren Wein »verrückt macht« . . . So verrückt macht, wie der Drache die Menschen auffraß und die Dolmen vom Teufel bewohnt waren!

Apfel und Weinblatt

Wenden wir uns nun dem näheren Studium des Mythos vom irdischen Paradies zu, in dem der Apfel eine schwer erklärbare Rolle spielt.
»Eva entgegnete der Schlange: ›Von den Früchten der Bäume des Gartens dürfen wir essen. Nur von den Früchten des Baumes, welcher in der Mitte des Gartens steht, hat Gott gesagt: Davon dürft ihr nicht essen, ja nicht einmal daran rühren dürft ihr, sonst müßt ihr sterben.‹
Da erwiderte die Schlange dem Weibe: ›Keineswegs werdet ihr sterben. Gott weiß vielmehr, daß sich an dem Tage, da ihr davon esset, *eure Augen auftun werden und ihr wie Gott sein werdet, erkennend Gutes und Böses.‹«* (Genesis III, 2–5.)
Es handelte sich – jeder kennt die Stelle – um eine Frucht, deren Genuß vom Teufel empfohlen wurde. Eva zögerte. Wer gab ihr den besseren Rat? Wer war der Böse in diesem Abenteuer? Gott,

der ihr verbot, zu wissen, die Augen aufzutun, der ihr die Einweihung, die Erreichung der Gottähnlichkeit verwehrte? Gott, der sie in ein Leben der Stagnation, ohne Nachkommen, ohne Bewußtsein, ohne Evolution einsperren wollte? Oder Satan, der Verfechter des Ungehorsams gegenüber der diktatorischen Ordnung? Satan, der ihr empfahl, die Augen aufzutun und zu erkennen?
Eva hatte das zwingende Gefühl, daß man den guten Satan erhören mußte, und sie aß von der Frucht, die die Augen öffnet; *sie nahm den Einweihungstrank.* Es gibt keine anderen Worte, um die Wahrheit des Abenteuers im Paradies zu beschreiben, denn es ist darin alles enthalten: stumpfe Wesen mit verschlossenen Augen und ohne Wissen; der gute Geist, der vom Himmel kommt; das Etwas, das man einnimmt, wodurch man die Kenntnis der verborgenen Dinge, also das typische Vorrecht der Götter, erlangt.
Aber wie kann man akzeptieren, daß der Apfel einen Initiationsgral liefert? Es muß also gleich zu Beginn ein wesentlicher Irrtum unterlaufen sein: Eva aß keinen Apfel, sondern eine andere Frucht, oder sie trank den Saft einer Liane, eines Kaktus, oder sie aß einen Pilz. Andernfalls müßte man annehmen, daß die Äpfel im irdischen Paradies nicht dieselbe chemische Zusammensetzung hatten wie heute, was immerhin auch nicht ganz ausgeschlossen werden darf.
Gewiß, der Apfel bot sich äußerlich wunderbar als tiefes Symbol der Gebärmutter, der Liebe, der Frau und des Erkennens im Zeichen der Erotik dar, aber trotzdem glaube ich, daß dieses Symbol aus einer falschen Interpretation entstanden ist.
Die Bibel sagt nicht, welches die verbotene Frucht war, und zeigt damit, daß ihre Identität geheimgehalten werden muß. Dies ist eine nützliche Vorsichtsmaßnahme, wenn es sich um eine Frucht mit halluzinogener Wirkung handelt, bei einem gewöhnlichen Apfel jedoch wäre sie unbegründet.
Woher kommt aber dann der Mythos vom Apfel und die traditionelle Suche nach den goldenen Äpfeln? Die Legende erwähnt ein Detail, das uns vielleicht auf die richtige Spur bringt: Eva bedeckte ihr Geschlecht mit einem Weinblatt. Ist die Vermutung erlaubt, daß die Frucht, die zum goldenen Apfel wurde, eine Traube war, die Euphorie spendete und die Phantasie anregte? War es überhaupt die Frucht eines Baums?
Sanchuniathon könnte uns Näheres zum Thema sagen, wenn nicht seine Bücher zweimal zerstört worden wären; jetzt scheinen nur mehr die Botaniker das Geheimnis klären zu können, indem sie die Frucht oder die halluzinogene Pflanze wiederentdecken, die sich mit goldener Farbe schmückte.

In der keltischen Mythologie ist häufig von einem Talisman-Kessel die Rede, der mit wunderbaren Eigenschaften ausgestattet ist. Er wird von den Göttern begehrt, sie versuchen, ihn zu entwenden und an sich zu bringen. Das Ding muß sehr kostbar gewesen sein, denn König Artus rüstete eine Expedition aus, um in seinen Besitz zu gelangen. Er verlor bei dem Abenteuer fast die Gesamtheit seiner Gefolgsleute.

In diesem wunderbaren Behälter lagen für den gallischen Barden Taliesin, einen der Inspiratoren des Druidenkultes, die »Wissenschaft und die Zukunft, die Geheimnisse der Welt und die Schätze der Erkenntnis. Der Inhalt des Behälters erweckte Tote, aber jene, die ins Leben zurückkehrten, schwiegen über das, was sie gesehen hatten.«

Es steht außer Zweifel, daß dies ein Bericht über einen Einweihungstrank ist, aber seine Zusammensetzung blieb bis heute ein Geheimnis.

»Das Gefäß der Koridwen, die Quelle universalen Wissens, enthielt eine *greal* genannte Flüssigkeit. Koridwen hat die sechs wirksamen Pflanzen in den ehernen Kessel gegeben, der von Perlen aus dem Meer eingerahmt war«, ist in alten Texten zu lesen. Die Zahl Sechs erinnert an die sechs Farben des Regenbogens: Violett, Blau, Grün, Gelb, Orange, Rot.

Außerdem scheint es, daß die erwähnte Flüssigkeit mit dem berühmten *Gral* identisch ist, der Gefäß mit dem Blut Christi und magische Nahrung in einem ist. Christus wurde erst vor 2000 Jahren mit diesem Mythos in Verbindung gebracht, aber der *greal* oder *graal* war schon mehrere Jahrtausende vorher bekannt.

Es wurde die Vermutung geäußert, daß die sechs wirksamen Pflanzen folgende gewesen sein könnten: das Veilchen, die Kornblume, der Lattich (oder der Fenchel), der Schotenklee (oder die Butterblume oder die Gerste), der Salbei und die Rebe.

Da die keltische Tradition gemeinsam mit der persischen die älteste der Welt ist, erscheint es mir interessant, daran zu erinnern, wie Korrig der Zwerg, der auch Gwyon der Seher genannt wurde, die Einweihung erlangte. Er hatte die Aufgabe, die sechs wirksamen Pflanzen umzurühren, die die Weiße Fee (Koridwen) in den ehernen Kessel über dem Holzfeuer gegeben hatte. Plötzlich spritzten einige Tropfen des kochenden Zaubertranks heraus und verbrannten Gwyon an der Hand, die dieser in einer Reflexbewegung an den Mund führte. Auf diese Art schluckte er ein wenig von der Flüssigkeit und hatte sofort die Kenntnis aller Dinge. Dies ist die Grundlage der keltischen Mysterien, aus denen die Mysterien von Samothrake (Griechenland), Phönizien und Assyrien hervorgingen. Der Casmil der Pelasger, der Gigon der Phönizier, der Apollo und Prometheus der Griechen, sie alle waren neue Verkörperungen des Gwyon der Kelten.

Die große Überlieferung der Menschen kann in ihrem ursprünglichen Kern nur in den keltischen Mythen wiedergefunden werden. Wiederfinden bedeutet, daß es zuvor einen Verlust gegeben haben muß. Und gerade das ist das Hauptthema unserer Überlieferungen: etwas Verlorenes wiederzufinden. Dies ist der Sinn jeder Suche: die Eroberung des Grals, der Schale der Atlanter, des Kessels von Dagda, Bran und Medea.

Der verlorene Trank

Das *soma* der Inder (es ist das *haoma* oder *amrita* des Awesta) ist ein Saft, der durch Zerreiben einer Pflanze zwischen zwei Mühlsteinen gewonnen wird; aber es ist auch der goldene Nektar, das Getränk der Unsterblichkeit für die Götter und der Inspiration für die Sterblichen.

Nach einer orientalischen Überlieferung ist das Geheimnis der Zubereitung des *soma* zu einem bestimmten Zeitpunkt verlorengegangen; wieder begegnen wir hier einer Variante des alten keltischen Mythos. Das ursprüngliche *soma* wurde durch ein anderes Getränk ersetzt, aber es gelang den indischen Magiern damit nicht mehr, die Erleuchtung zu erlangen, wie sie ihre Ahnen gekannt hatten.

Den gleichen arischen Hintergrund hat das *haoma* des Awesta, das gleichzeitig Getränk und heilige Pflanze war; sein gegorener Saft stimulierte die geistigen Kräfte.

Man liest im Awesta (Yasna IX, 4 und 5): »Vîvanhvat war der erste Sterbliche der Welt, der mich zubereitete. Er hatte das Vorrecht, Yima den Glänzenden zum Sohne zu haben, den guten Hirten, den Glorreichsten aller, die geboren wurden; er war der einzige Sterbliche, der das *Sonnenauge* besaß (Anspielung auf die Flugmaschine des Gottes Ahura-Mazda, der sich zwischen Himmel und Erde fortbewegen und alles beobachten konnte); durch seine Macht konnte er Menschen und Tiere unsterblich machen.«

Das *hom* der Perser dürfte die Psoralée (oder die Tamariske oder der Honigklee) gewesen sein. Da die Psoralée in Indien sehr selten

war, wurde sie durch eine andere Pflanze ersetzt, was den Verlust des *soma* bei den Indern erklären und gleichzeitig beweisen würde, daß der awestische Ritus älter ist als der Ritus der Wedas.
Später verloren auch die Perser das Geheimnis des *haoma*. Das ursprüngliche *haoma* war weiß und wurde auf dem Heiligen Berg gefunden. Der Ersatz war gelb, aber auch sein Geheimnis ist verlorengegangen, was wieder einmal zeigt, wie sehr die Wahrheit durch die langen Überlieferungen gelitten hat.

Das dritte Auge

Jetzt haben wir also eine ganze Reihe von Initiationsspeisen und -getränken kennengelernt: *greal, soma, haoma;* man muß noch das Ambrosia und den Wein der Griechen hinzufügen, den Wein der Christen und Hebräer, die Pflanzenabsude bei den Ägyptern und den Schamanen, die Pilze der Mexikaner usw.
Ob Trank, Pflanze oder Mixtur, die Zauberspeise verfolgt immer denselben Zweck: Sie soll das Wissen aller Dinge vermitteln. Mit anderen Worten, die Initiationsgetränke sollen das *dritte Auge* verleihen, das versteckte Dinge in Vergangenheit und Gegenwart und das Geheimnisvoll-Unbekannte entschleiert.
Das dritte Auge ist auch ein Attribut des Initiators der Menschheit, dem man je nach Breitengrad und Land die Namen Viracocha, Kukulkan, Quetzalcoatl, Baal, Marduk oder Prometheus gab und der in Wahrheit Luzifer heißt. Luzifer, der Freund und Lehrmeister der Menschen, Luzifer, der Weisheit und Wissenschaft vermittelte, der in Gestalt einer Schlange Eva, der ersten sterblichen Eingeweihten, den guten Rat zuflüsterte, der zur Geburt des *homo sapiens* und aller Kulturen führte. Erschien nicht Luzifer mit einem dritten Auge auf der Stirn: einem grünen Smaragd, der Farbe des Planeten Venus? Und haben nicht die »Engel« ebenfalls aus einem Smaragd den Gral geschnitten?
Verleumdet, mißachtet, beschmutzt, verteufelt, das alles wurde der gute Luzifer, der sein Paradies aus Liebe zu den Menschen verloren hat. Die Kenntnisse aber, die er von einem anderen Planeten brachte, können durch den Zauber der halluzinogenen Drogen auf wunderbare Weise wiedererweckt werden.
Die Einweihung, die Reise in den Himmel der Urväter, der rituelle Aufstieg bei den Initiationszeremonien, die Enträtselung von Vergangenheit und Zukunft durch die Kenner der Planeten, das alles bezieht sich ganz logisch auf den Planeten Venus.

Alles steht unter dem Zeichen von Quetzalcoatl, von Luzifer und ihren heiligen Symbolen: das dritte Auge aus Jade für Quetzalcoatl, das dritte Auge aus Smaragd für Luzifer.
Obwohl durch die Zeit verfälscht, hat auch das grüne Auge von Siva diese Bedeutung. Siva war der Prinz der Asuras (Asen), der Prinz des Lingham (Phallus), der zeugende Stier, dessen leidenschaftliche Umarmung mit der schönen Parvati (Venus-Astarte) die Welt ins Wanken brachte.
Auch das dritte Auge des Horus sei erwähnt, dessen symbolische Farbe das Grün ist. Horus war der Apollo der Ägypter, der Gemahl von Hator, der Königin des Okzidents, der Dame von Byblos, die mit Venus und Astarte identisch ist – immer wieder Venus und die grüne Farbe der »Götter« der alten Welt.

Huantla-de-Jimenez ist ein Dorf der Sierra Mazateca und liegt im Norden der mexikanischen Provinz Oaxaca. Im Jahre 1953 kamen ein reicher New Yorker Bankier und seine Gattin, Gordon und Valentina Wasson, in Begleitung des Ethnologen Weitlaner dorthin, um den *curandero* Aurelio zu konsultieren. Dies gaben sie jedenfalls offiziell als Grund ihrer Reise an. In Wahrheit wollten sie an Ort und Stelle ein Geheimnis erforschen: die »heiligen Pilze«, denen man magische Kräfte zuschrieb. Angeblich erlangte man durch ihren Genuß Kenntnis darüber, ob ein Kranker gesunden oder sterben würde, wo sich ein gestohlener Gegenstand oder eine vermißte Person befanden und über andere Dinge.
Von den katholischen Stellen wurden die armen Curanderos verfolgt, der Zauberei, schwarzen Magie und sogar der Menschenfresserei beschuldigt. Aber so mancher Indianer, der sich vergebens an den heiligen Antonius gewandt hatte, kehrte wieder reumütig zu seinem Curandero zurück, denn dieser bot den Vorteil, daß er die Wahrheit sagte und Verlorenes tatsächlich wiederfinden half.
Im Jahre 1955 erprobten Mr. und Mrs. Wasson selbst die Zauberkraft der heiligen Pilze – sie werden in dieser Gegend *kisos* genannt –, und eines Tages nahmen sie auch an einer Séance der berühmten Curandera Maria Sabina in Huantla-de-Jimenez teil.

Die phantastischen Kräfte der Maria Sabina

Nachdem die Curandera neun oder dreizehn Paar *kisos* gegessen hatte, die zuvor über der Flamme eines Kopalharzfeuers gereinigt worden waren, sprach sie eine Art Gebet. Ungefähr zwanzig Minuten später verfiel sie in Trance: Dabei schlug sie mit wilder Kraft in ihre Hände, stieß unverständliche Worte aus, vollführte mit ihren Fingern sogenannte »Mantrans« (das sind Zauberzeichen), als würde sie Geister rufen. Schließlich begann sie zu sprechen...
Die Wassons hatten sich bereits bei einer früheren Gelegenheit von der Richtigkeit ihrer Visionen überzeugen können. Maria Sabina hatte ihren Sohn ganz richtig in New York gesehen, während man ihn in Boston glaubte, seinen Eintritt in die Armee und den Tod eines seiner Vettern vorausgesagt.
Auch für den Archäologen Frank Snell hat sich die Vision der Maria Sabina überzeugend bewahrheitet: »Wenn du in Mexico

City ankommst, wird dein Flugzeug neben einem roten Auto aufsetzen. Entferne dich, wenn du dich nicht verbrennen willst. Du wirst Geld finden, viel Geld, und dir ein schönes Haus an einem Fluß bauen.«
Frank Snell schenkte den Worten der Curandera keinen Glauben, doch bald wurde er eines Besseren belehrt. Bei seiner Rückkehr, als sein Flugzeug in Mexico City gelandet war, sah er, daß sich ein kleines rotes Auto vom Flughafenfeuerwehrdienst seinem Flugzeug in rascher Fahrt näherte. Es hielt ungefähr 30 m von den aussteigenden Reisenden entfernt. Der Archäologe erinnerte sich an die Prophezeiung, doch sei es aus Neugierde oder aus Übermut, er näherte sich dem Wagen. Plötzlich gab es eine Explosion, und eine Stichflamme stieg auf. Das Auto war in Flammen aufgegangen, und Frank Snell wurde am rechten Arm von einem Karosserieteil getroffen. Zum Glück kam er mit einem angesengten Ärmel davon. Einige Monate später entdeckte er im Staat Sonora eine Silbermine, die ihn über Nacht zum reichen Mann machte. Und im Jahre 1960 ließ er sich am Ufer des San-Antonio-Flusses ein sehr schönes Haus erbauen – womit sich die Prophezeiung in allen Einzelheiten verwirklicht hatte.
Roger Heim, der Direktor des Naturhistorischen Museums von Paris, hielt am 28. Jänner 1966 im französischen Fernsehen einen Vortrag mit anschließenden Filmvorführungen. Er versuchte darin, die Antwort der Wissenschaft auf die Frage nach dem Geheimnis der heiligen Pilze zu geben. Er hatte im »Musée de l'Homme« an freiwilligen Versuchspersonen die Auswirkungen der Pilze (Psilocybe) erprobt; das Ergebnis der Experimente war auf dem Bildschirm zu sehen.
Die Versuchspersonen waren in eine Art sekundären Zustand verfallen und hatten je nach Temperament und Menge der genossenen Pilze Visionen, Halluzinationen, euphorische oder depressive Zustände.
Drei immer wiederkehrende Hauptmerkmale wurden beobachtet:
- Das Gedächtnis hatte plötzlich die Kraft, Ereignisse wiederzuerwecken, die man für immer vergessen glaubte.
- Zahlreiche Personen wollten zeichnen.
- Die vom Psilocybin gezeigte farbige Welt war vorwiegend grün.

Die Zeichnungen eines Herrn E. zum Beispiel zeigten einen Hahn und eine geometrische Figur hinter einem Auge. Das Ganze erinnerte stark an die fließende Schrift von Jean Cocteau, an seinen zarten, fast femininen Strich, der sicher mit der Feinheit seiner inneren Welt zusammenhing.

1963 begaben sich Roger Heim und einige andere Wissenschaftler – vorwiegend Mykologen und Botaniker – nach Huantla-de-Jimenez zu Maria Sabina. Diese prophezeite ihnen unwahrscheinlich klingende Dinge, die sich aber später als richtig erwiesen.
»Obwohl mein Geist vom Rationalismus bestimmt ist«, sagte Roger Heim, »muß ich zugeben, daß hier durch die Wirkung der Pilze ein verwirrendes Phänomen zustande kommt, das nicht als normal bezeichnet werden kann.«
Er sprach auch von den Beziehungen zwischen dem Unterbewußtsein und der Realität, von Offenbarungen des Unterbewußtseins, vom Eindringen in eine unbekannte Welt . . .
Für ihn als Direktor des Pariser Museums war es nicht möglich, einfach zu sagen: »Maria Sabina hat bewiesen, daß es tatsächlich das Phänomen des Hellsehens gibt. Zweifellos hat sie in ihren Trancezuständen die Gabe, in die Vergangenheit (Gedächtnis) und in die Zukunft (Wahrsagung) zu reisen.« Aber es war zwischen seinen Worten klar zu erkennen, daß er es dachte.
Meiner Meinung nach wurde allerdings ein bedeutendes Ergebnis der Versuche nicht genügend gewürdigt: die Tatsache, daß die von den heiligen Pilzen hervorgerufenen Visionen grün gefärbt waren.

Das Leben in Grün

Am 19. Jänner 1966 berichtete die Zeitung *Nice-Matin* in einem Artikel, der von der gesamten französischen Presse übernommen wurde, über ein sonderbares Ereignis in Menton. Es wurden die Erlebnisse von Madame Vial und ihren beiden Kindern nach dem Genuß von halluzinogenen Pilzen geschildert.
»Durch einen unglaublichen Zufall«, schrieb Roland Moreau, der Verfasser des Artikels, »war es einer Copelandia eingefallen, auf dem Rasen der ›Pinella‹, dem Gut der Familie Vial im kleinen Örtchen Roquebrune, zu wachsen . . .«
Madame Vial bereitete ihre Pilzernte zu und verspeiste sie gemeinsam mit ihren Kindern.
»Zehn Minuten später befanden sich die drei Personen in einem abnormen Zustand. Sylvia machte wilde Verrenkungen und Bocksprünge; ihr Bruder sah alles *grün*, und die Gegenstände nahmen für ihn geometrische Formen an; die Mutter erblickte häßliche Gebilde – surrealistische Kompositionen. Und zu allem Überfluß waren diese *giftgrünen* Bilder ständig in Bewegung; Begriffe wie Horizontale oder Vertikale existierten nicht mehr.«

Trotz ihrer Verwirrung versuchte Madame Vial, aus dem Teufelskreis dieser alptraumhaften Visionen auszubrechen. Es gelang ihr, den tanzenden und ebenfalls grünen Telephonhörer abzuheben.
Im Spital von Menton »reagierten die drei Kranken entsprechend ihrem jeweiligen Alter inmitten ihrer *grünen Hölle*«. Zum Abschluß sei noch gesagt, daß die Halluzinationen bald wieder ein Ende nahmen und die Kranken aus dem »grünen Leben« – wie Madame Vial sich ausdrückte – in die wesentlich angenehmere tatsächliche Welt der Côte d'Azur zurückkehrten.
Damit haben wir uns dem Kern des Rätsels genähert. Die halluzinogenen Pilze – Copelandia, Stropharia Cubensis, Psilocybe – haben die ungewöhnliche Eigenschaft, Visionen in einer grünen Welt zu erzeugen. Nun spielt aber diese grüne Farbe eine bedeutende Rolle:

– Sie ist die symbolische Farbe des Planeten Venus wie auch der sakralen Kunst der Mayas, Inkas und alten Inder.
– Luzifer ist der Name der Venus, des Morgensterns. Luzifer ist ein »Engel«, der vom strahlenden Planeten kam, um den Menschen das Leben, die Wissenschaft und die Liebe zu bringen. Er trug auf der Stirn einen grünen Smaragd.
– Nach Ansicht der Theosophen residieren die vier Großen Lehrmeister, die von der Venus stammen, im Jadepalast (der Jade ist bekanntlich grün) von Schampullah (Wüste Gobi).
– Die *Weltsäule* im Tempel von Chavin (Peru) wurde dem großen König Naymlap geweiht, der sich in den Himmel erhob, nachdem er den Menschen Wissen und Fortschritt gebracht hatte. Diese Säule ist ein Monolith aus Serpentin, also von grüner Farbe.
– Der Jade wurde bei den alten Indianern als ein Geschenk der Götter vom Planeten Venus betrachtet.
– In China und Indien wird der Jade vorzugsweise den Göttern vorbehalten.
– Die Katharer gaben sich als Besitzer des *grünen Steins* oder Grals der ewigen Wahrheit aus; dieser Stein soll »vom Himmel gefallen« sein.
– Die großen weißen Götter der alten Mexikaner – Kukulkan und Quetzalcoatl – waren Wesen vom Planeten Venus. Man stellte sie traditionsgemäß mit Augen und einem Nabel aus Jade dar.
– Minerva, die pelasgische Göttin, war die Aurora, der Morgenstern (Venus), der im Sanskrit *Athana* hieß. Sie hatte grüne Augen (Minerva Glaucopis).

Maurice Magre schreibt in *La Clef des Choses cachées* (Der Schlüssel zu den verborgenen Dingen):
»Chaboseau hat in seiner *Geschichte der Bretagne vor dem 12. Jahrhundert* auf etwas Seltsames hingewiesen: Es gibt einen *meergrünen* Edelstein, ähnlich dem Türkis, den Kallait, von dem man nur 830 Perlen auf der Welt kennt; sie alle sind in Dolmen gefunden worden. Welche Eigenschaft hatte dieser so seltene Stein, daß er als Grabbeigabe verwendet wurde, welche Möglichkeiten barg er für ein zukünftiges Leben?«
In La Venta (Mexiko) fand der Archäologe Matthew W. Stirling nördlich der Pyramide ein Mosaik aus kleinen *grünen* Serpentinwürfeln sowie 37 Äxte aus demselben Material, die in Kreuzform angeordnet waren.
Pierre Honoré bemerkt in seinem 1962 bei Plon erschienenen Buch *L'Enigme du dieu blanc précolombien* (Das Rätsel des vorkolumbianischen weißen Gottes), daß die alten Mexikaner als wertvollstes Material nicht Gold oder Edelstein schätzten, sondern eine merkwürdige Verehrung für den Jade hatten, aus dem sie ihre heiligsten Figuren herstellten. Ein Indianer, der einen Talisman aus Jade besitzt, ist unter keinen Umständen und nicht für ein Vermögen bereit, sich von ihm zu trennen.
Die olmekischen Riesenköpfe von La Venta sind in Serpentin gehauen. Es ist interessant zu bemerken, daß diese Riesen mit dem Bulldoggengesicht Helme tragen wie unsere modernen Astronauten.
Die Olmeken schnitten auch ihre Götterbilder aus Jade, und die Azteken stellten aus Jade ihr Geld her.
In Cerro de Las Mesas hat man eine grüne Piroge gefunden, deren Schiffer bittere Tränen vergießt; man denkt, daß er die Abfahrt des Weißen Gottes betrauert, der vom »strahlenden Planeten« gekommen war.
Dieselbe Verehrung für den Jade findet man im alten China und in Indien. Lao-tse begab sich auf einem grünen Ochsen in das »Land im Westen«; diese Szene wird häufig mit Jadefiguren dargestellt.
Die Kreter und Phönizier stellten ihren Schmuck aus Jade her, und manche Historiker glauben, daß die Suche nach diesem Stein die Asiaten an die Ufer der Neuen Welt, genauer gesagt nach Guatemala und Mexiko, führte.
In Tres Zapotes hat man eine Jadestatue ausgegraben, die eine geflügelte Gestalt mit Menschenantlitz, aber einem Entenschnabel darstellt.

Schließlich sei nicht vergessen, daß der amerikanische Jade mit dem Bernstein verwandt ist, dem Edelstein der alten nordischen Völker, den man nur an den Ufern der Baltischen See, an den Grenzen zum Land der Hyperboreer fand.

Die außerirdische Pflanze

Unversehens sind wir in einen Strudel geraten, der uns um die Farbe Grün und die Venus kreisen läßt. Beide Elemente sind untrennbar miteinander verbunden. Sobald man das Problem Venus anschneidet, taucht das Grün auf; es erscheint auch immer, wenn man von den ältesten Kulturen spricht: das Green Land, Groenland, das Grüne Land der Ägypter, der Grüne Ritter in den Artussagen, das symbolische Grün von Thule, das grüne Erin (Irland) . . .

Die Welt ist grün – eine »grüne Hölle«, schrieb Roland Moreau. Unter diesen Umständen kann man nicht umhin, eine logische Verbindung zwischen Mexiko, dem Lieblingsland der Venusgötter, einerseits und der grünen Welt, wie sie von den heiligen Pilzen vorgezaubert wird, anderseits herzustellen. Haben sie denn nicht die Aufgabe, dem Geist Vergangenheit und Zukunft aufzuschließen und damit die Reise in Raum und Zeit zu ermöglichen, bis zurück in die Welt der großen Ahnen?

Es wäre durchaus denkbar, daß die »Götter«, als sie vor 5000 Jahren nach Mexiko kamen, jene Pflanze mitbrachten, die sich am leichtesten einer neuen Umgebung anpaßt: den Pilz. Sie haben ihn heilig gemacht, das heißt halluzinogen, damit sich die Priester durch seine Wirkung auf ihr geistiges Niveau erheben konnten. Ohne die Psilocybe wären die alten Mexikaner niemals in der Lage gewesen, die Sprache und das Wissen der höherstehenden Venusleute zu verstehen.

Der halluzinogene Pilz (Psilocybe in Mexiko, Fliegenpilz in Sibirien, Copelandia in anderen Ländern) und die Einweihungsgetränke bildeten einfache Mittel, eine rasche Verständigung zwischen den Extraplanetariern und den Irdischen herzustellen – zwischen höher- und wenig entwickelten Menschen.

Eines Tages verschwanden die letzten Initiatoren – es war das Ende der Götter –, und in allen Teilen der Welt waren plötzlich die Wahrsagerinnen, Sibyllen, Hexen, Hellseher, Priester (denn die antiken Priester waren Hellseher und Propheten), mit einem Wort alle Gelehrten und »Wissenden«, von der Quelle ihres Wissens

abgeschnitten. Geblieben sind ihnen nur die Einweihungsgetränke und Mixturen oder das Räuchern (Delphi).
»Nach der Überlieferung der Burjäten (Sibirien, Gegend des Baikalsees) hatten die Schamanen in alter Zeit ihre *utscha* (Gabe) direkt von himmlischen Geistern verliehen bekommen; erst in unseren Tagen erhalten sie sie ausschließlich von ihren Ahnen ... Die ersten Schamanen konnten *wirklich fliegen* ...« (*Der Schamanismus,* Mircea Eliade.)
Jetzt ist es klar, warum das Geheimnis des *soma* und des *haoma* verlorenging und warum sich in allen Breitengraden die Menschen auf die Suche nach etwas Verlorenem machten. Aber alle die Ersatzgetränke waren nicht mehr so wirksam und verloren ihre Zauberkraft. Die Pilze haben auf Grund ihrer größeren Zähigkeit einen Teil ihrer Kraft behalten. Dies muß man zumindest annehmen, wenn man hört, wie Maria Sabina die Zukunft prophezeit.
Aus den längst vergangenen Zeiten, als die »Götter« auf die Erde kamen und als vielleicht bevorzugte Sterbliche (Priester und Schamanen) auf einen anderen Planeten reisen konnten, sind nur noch die von der Überlieferung konservierten Riten erhalten: Bei Initiationsriten in Amerika, Ozeanien, Afrika oder Asien müssen die Neueinzuweihenden, wenn sie den Trank eingenommen haben, auf einen Baum, einen Pfahl, einen Strick oder eine Leiter klettern, wie einst ihre großen Ahnen mit den Göttern in den Himmel aufstiegen. Erst durch den Abstieg, also durch die symbolische Rückkehr von der Interplanetarreise, wird die Aufnahme in den Kreis der Eingeweihten gültig.

Die Kraft des Hellsehens

Erst auf Grund der Erfahrungen von Wasson, Snell und Roger Heim sind Hellsehen und Wahrsagerei offiziell anerkannt worden. Der geheimnisvoll-unbekannte Bereich der Empiriker ist also keine Ausgeburt der Phantasie, sondern eine »übernormale« Realität. Sie wird von Fakten bezeugt, für die es keine bekannte Erklärung gibt. Manche »Rationalisten« suchen krampfhaft nach einer Erklärung: »Die von den halluzinogenen Drogen erzeugten Bilder sind reine Schöpfungen des Subjektes, das sie gebiert, dabei aber glaubt, sie durch sein Double von außen zu erleben.«
Diese These kann eventuell für Bilder aus der Vergangenheit gelten: Das Subjekt spaltet sich, wobei das vom Körper getrennte Double von außen Bilder wahrnehmen kann, die von dem aufs

höchste gereizten Gedächtnis erzeugt werden. Dann muß man aber auch annehmen – von den Biologen wird es akzeptiert –, daß die Chromosomen vielleicht durch Induktion ein erbliches Gedächtnis behalten, das bis in die erste Zeit der Menschheit zurückreicht.

Diese These ist nicht so abenteuerlich, wie sie scheinen mag, denn sie wird vom Mendelschen Gesetz bestätigt: Die Zellen haben die biologische Fähigkeit, Eigenschaften und Merkmale der Ahnen wiederzuerlangen. Zum Beispiel: In Pythagoras oder Einstein treten die Erbmerkmale und das Genie fernster Ahnen wieder auf. Daneben bliebe aber noch zu klären, ob diese Ahnen die Antworten auf bestimmte Fragen überhaupt kennen konnten. Ob sie zum Beispiel wissen konnten, wo ein bestimmter Gegenstand oder eine Person versteckt sind. In den meisten Fällen wäre dies wohl unmöglich.

Wenn es sich dagegen um die Reise in die Gegenwart oder in die Zukunft handelt, verliert die These jede Grundlage. Denn wie groß immer die mögliche Gedächtnisleistung des Menschen sein mag, es erscheint höchst unwahrscheinlich, daß er in sich das Wissen von allen Dingen, vom gesamten Universum trägt; außer das Universum als Mikrokosmos, das in seinem Gehirn liegt, erhält durch Induktion das Wissen des Makrokosmos. Denn die Hypothese einer Identität der beiden Universa ist nicht auszuschließen.

Trotzdem erscheint mir die These eines Sichprojizierens in die Raumzeit am wahrscheinlichsten; nur damit könnte die Fähigkeit der Maria Sabina erklärt werden, eine Reise in die Gegenwart und in die Zukunft vorzunehmen.

Daß wir die Kraft des Hellsehens von den alten »Göttern« (sprich: außerirdischen Initiatoren) erworben haben, scheint mir sehr plausibel. Wenn eines Tages unsere irdischen Astronauten auf einem fernen Planeten landen werden, müssen auch sie über ein Mittel verfügen, das ihnen ermöglicht, mit den denkenden Wesen, die sie dort finden könnten, in Kontakt zu treten. Was liegt da näher, als halluzinogene Drogen oder Pilze zu verwenden?

Außerdem sei darauf hingewiesen, daß die Versuche einer Anpassung von Pflanzen an ein neues Milieu am ehesten mit Kryptogamen, Moosen, Flechten und Pilzen gelingen, die ein rasches Wachstum haben und sich mit karger Nahrung begnügen.

Der Kult um die Pilze stand in Yucatán (Mexiko) und Guatemala hoch in Ehren; man hat dort zahlreiche Pilzskulpturen aus grünem Stein gefunden. Das Rietbergmuseum in Zürich besitzt mehrere Arten von steinernen Pilzen, die manchmal Menschenform haben oder menschliche Motive aufweisen.

Keiner anderen Pflanze ist diese Verehrung zuteil geworden. Diese Tatsache erlangt eine besondere Bedeutung in einer Gegend, in der alle Götter der Venus untertan sind und in der Kunst in ihrer hochentwickelten und gelehrten Form der direkte Ausdruck der Inspiration durch die berühmten Psilocyben zu sein scheint.

Der Mann mit der Maske aus Jade

In der Pyramide von Palenque auf der Halbinsel Yucatán befindet sich eine geheimnisvolle Grabstätte. Sie ist in ihrer Art die einzige in ganz Mexiko, und ihre Grabplatte stellt ein großes Rätsel dar.
Am 15. Juni 1952 betrat Alberto Ruz Lhuillier vom Anthropologischen Institut in Mexico City, einer der bedeutendsten Archäologen der Gegenwart, eine bis dahin unbekannte Krypta im Inneren der Pyramide, die den Tempel von Palenque trägt. An der Mauer waren hohe Standbilder aus dem Stuck modelliert, die Wache zu stehen schienen. Sie trugen alle eine Kopfbedeckung, die mit dem Schnabel und den langen Federn des Quetzalvogels geschmückt waren, dem Liebling des großen mexikanischen Venusgottes Quetzalcoatl.
»Was mich am meisten in dieser Krypta überraschte«, schrieb Alberto Ruz Lhuillier in der Zeitschrift *Archeologia* (Nr. 1, Nov. 1964), »war das riesige Monument, das den größten Teil des Raumes einnimmt. Stellen Sie sich eine horizontal liegende Steinplatte vor, die 3,80 m mal 2,20 m mißt und sowohl an der Oberfläche als auch an den Seiten behauen ist. Sie ruht auf einem monolithischen Block, dessen Seiten ebenfalls Skulpturen aufweisen.«
Die Platte war der Deckel eines Sarkophags, in dem sich die Gebeine »eines Mannes von 40 bis 50 Jahren, der eine Größe von 1,73 m hatte«, befanden. Der Tote – offensichtlich eine hochgestellte Persönlichkeit – trug eine Maske aus Jade und war von zahlreichen Schmuckstücken umgeben. In seiner rechten Hand hielt er eine große, würfelförmige Perle und in der linken eine runde Perle; zu seinen Füßen befand sich eine wunderbare Jadefigur.
Der Inhalt des Sarkophags machte insgesamt den Eindruck der Kostbarkeit. Außerdem stellten die beiden Perlen – die eine rund, die andere würfelförmig – ein ungewöhnliches Rätsel dar. Die Bedeutung des Fundes beruhte aber in erster Linie auf der Grabdeckplatte beziehungsweise auf dem dargestellten Motiv. Ruz Lhuillier sah darin eine symbolische Darstellung der begrabenen Persönlichkeit.

Viele Stunden habe ich über dieser sonderbaren Darstellung von Palenque gesessen und nachgedacht. Denn eines war mir von vornherein klar: Wer sie unbefangen, das heißt ohne Voreingenommenheit betrachtet, den kann die Erklärung des berühmten mexikanischen Professors einfach nicht befriedigen.

Die Steinplatte von Palenque (siehe nebenstehende Abbildung) stellt ein weitaus größeres Rätsel dar als die Puerta del Sol in Tiahuanaco (Bolivien), auf der merkwürdige Raumschiffe dargestellt sind. Eines scheint allerdings festzustehen: Die Darstellung von Palenque ist eng mit dem Thema Raumfahrt verbunden.

Das Wesen (Mann oder Frau) in der komplizierten Maschine wurde von den Mayas vor undenklichen Zeiten in den Stein graviert. Mich erinnert es unweigerlich an Gagarin, Carpenter und auch an die behelmten Astronauten, deren Riesenschädel aus Serpentin in der grünen Hölle von Yucatán gefunden wurden.

Ich stehe mit meiner Meinung nicht allein da: Guy Tarade und André Millou vom CEREIC in Nizza teilen sie; von ihnen stammt auch die nachfolgende Interpretation des Reliefs:

»Die Person im Zentrum der Steinplatte – nennen wir sie Pilot – trägt einen Helm und blickt zum vorderen Teil des Apparates. Seine beiden Hände bedienen Hebel. Die Rechte hält einen Griff, der wie der Schalthebel eines Citroën 2 CV aussieht.

Sein Kopf wird von einer Stütze in gleichbleibender Stellung gehalten; in die Nase ist ein Atemgerät eingeführt, was eindeutig auf einen stratosphärischen Flug hinweist. Das Gefährt sieht wie eine Rakete aus und dürfte ein mit Sonnenenergie betriebenes Raumschiff sein.

Im vorderen Teil des Apparates befindet sich ein Papagei, der in der Symbolsprache der Mayas den fliegenden Gott darstellt. Genauer wäre es, Energie statt Gott zu sagen, da sich bei der Zerlegung des Lichtes durch ein Prisma die Farbskala des Papageiengefieders wiederfindet. Die vorherrschende Farbe bei diesem Vogel ist zumeist das *Grün,* die Farbe der Venusgötter. In diesem Zusammenhang ist es interessant festzustellen, daß nach Aussage gewisser Zeugen die Erscheinungen von ›nicht identifizierten Flugobjekten den Himmel grün färben‹.

Im rückwärtigen Teil der Rakete, genau hinter der Nase des Piloten, sind zehn Akkumulatoren angebracht; es sind auch noch andere Energiespeicher sichtbar. Der vordere Teil des Motors besteht aus vier Abteilen; daran anschließend sind Zellen und

komplizierte Vorrichtungen durch ein Rohrleitungssystem mit einer feuerspeienden Düse verbunden.
Die Fortbewegung in der Luft ist eindeutig ausgedrückt und dürfte durch das Zusammentreffen entgegengesetzter Kräfte – Sonnenenergie und Erdanziehung – zustande kommen.
Es gab einst Flächen für den Start solcher Raumschiffe, zum Beispiel auf der großen Plattform von Monte Alban, dem mexikanischen Pendant zur Terrasse von Baalbek im Libanon (Baalbek = Tempel des Venusgottes Baal). Diese Flächen sind wie riesige Startbahnen aus gigantischen Steinblöcken, die durch ein unbekanntes massebewegendes Verfahren verlegt wurden.«
Soweit der Bericht von Guy Tarade und André Millou. Ich möchte es jedoch nicht versäumen, einige Bemerkungen hinzuzufügen.
Das Alphabet von Diego de Landa hat die Entzifferung einiger Mayahieroglyphen ermöglicht. Es gibt auch der Steinplatte von Palenque einen zwar nur annähernd richtigen, aber sehr interessanten Sinn.
Die beiden Längsseiten der Platte werden von einem Fries gebildet, das nicht als ornamental zu betrachten ist, sondern einen Text in Ideogrammschrift darstellt, der sich oben und unten aus jeweils neun Zeichnungen (Rechtecken) zusammensetzt. Alle haben eine astronomische Bedeutung. Die Zeichnung mit den vier Kugeln, die mit einer zentralen Kugel verbunden sind, stellt den Sternenhimmel dar. Drei Ideogramme sind wie mit Fallschirmgurten durchkreuzt; sie bedeuten Kraft des Gehirns und des Arms, Befehligung der Kraft (Motor).
Da es bis heute nicht gelungen ist, die Schrift der Mayas zu entziffern, kann man die wörtliche Bedeutung des Textes nicht feststellen. Über den Gedanken, den er ausdrückt, besteht allerdings kein Zweifel: *Ein Astronaut steuert eine Rakete in den Weltraum auf einen Planeten zu.* Man kann sogar weitergehen und sagen, um welchen Planeten es sich handelt: um die Venus.
Das Relief innerhalb des Frieses weist nur zwei deutlich gezeichnete Symbole auf; alle beide liegen hinter dem Astronauten und haben die Form eines Rechtecks, in dessen Inneren sich ein Viereck oder Rhombus befindet, mit einem kleinen Kreis in der Mitte. Sie sind besonders exakt gezeichnet und liegen zu beiden Seiten des Motors, ja sie tragen sogar die Tabulatur der Kabine, als würden sie für die Einhaltung der Richtung sorgen.
Dieses Symbol ist eines der wichtigsten Zeichen des Maya-Alphabets. Es heißt *ik* oder *igh* und bedeutet: Wind, Hauch, Geist, 19. Tag und *Planet Venus.*

»Es ist das Symbol von Kukulkan und Quetzalcoatl«, den Vertretern der Venus auf Erden, schreibt Léon de Rosny; Diego de Landa, Brasseur de Bourbourg und der Sprachenforscher Carl E. Guthe schließen sich dieser Meinung an.
Die nachstehende Abbildung zeigt die verschiedenen Symbole des Planeten Venus, wie sie von den genannten Autoren in den Mayamanuskripten und Kodizes übereinstimmend identifiziert wurden.

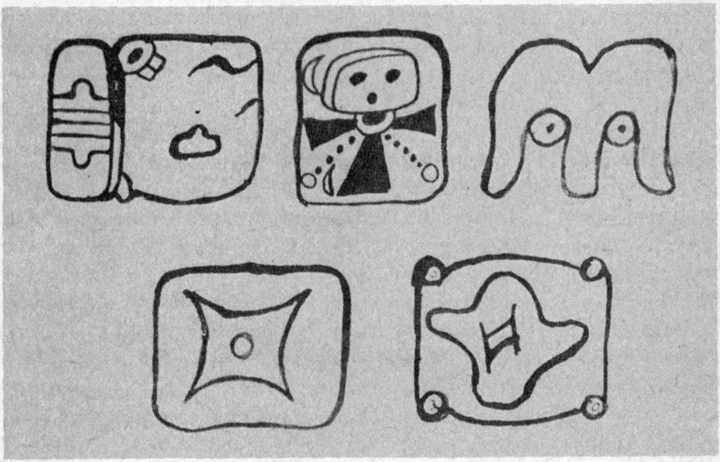

Symbole des Planeten Venus

Das *ik* der Mayas wird auch durch einen Stierschädel in einem Rechteck sowie durch einen Dreizack mit zwei Augen dargestellt. Dies ist besonders interessant, wenn man bedenkt, daß das erste Symbol das Zeichen von Baal und Astarte, der Venusgötter Kleinasiens, ist, und das zweite in den Hieroglyphen Asiens und Sibiriens ebenfalls Venus bedeutet.
Es gibt also Grund zur Annahme, daß die Initiatoren, die vor 5000 Jahren als Astronauten vom Himmel kamen, selbst das Zeichen des Siters (und des Dreizacks) unter allen Breitengraden der Welt bekanntmachten. Dieses Indiz würde auch auf eine Weltsprache hinweisen, die einst von den gelehrten Schichten der ganzen Welt gesprochen wurde.
Die Tafeln XXII und XXVI des Troano-Manuskriptes zeigen – im folgenden Kapitel kann man es feststellen – dieselben Ideo-

gramme wie die Steinplatte von Palenque. Die Tafeln des Troano-Manuskriptes schildern ganz ohne Zweifel einen Flug in einem rückstoßbetriebenen Raumfahrzeug.
Es mag schon sein, daß die Person auf dem Relief von Palenque das Porträt des in der Pyramide bestatteten berühmten Toten zeigt, wie es Alberto Ruz Lhuillier versichert. Ich würde aber noch hinzufügen, daß es sich dabei um einen Astronauten handelt, der eine Rakete steuert und entweder von der Venus kommt oder zu diesem Planeten fliegt. Der Körper ist vielleicht jener von Quetzalcoatl oder einem anderen »Gott«, der einst von der Venus auf die Erde gekommen ist.

Kunst, aus Visionen geboren

Aus welcher Zeit stammt die Tempelpyramide von Palenque? Aus dem 7. Jahrhundert, sagen die Historiker. Aber die Krypta ist bestimmt viel älter; außerdem sind die mexikanischen Pyramiden in ähnlicher Schachtelbauweise gestaltet wie die Pyramide von Autun: Das äußerste Bauwerk ist jeweils das jüngste.
Die Historiker lieben es, Daten anzugeben. Aber es sei doch nur an das Mißgeschick erinnert, das ihnen widerlief, als sie die Pyramide von Cuicuilco (sie liegt zwischen dem Universitätsviertel von Mexico City und der Stadt Tlalpan) auf 450 v. Chr. datierten. Dieses Monument war nämlich von der Lava des Xitle bedeckt, und der Ausbruch des Vulkans hat nach geologischen Untersuchungen vor 8000 Jahren stattgefunden!
Es ist also die Annahme erlaubt, daß die Tempelpyramide von Palenque wesentlich älter ist, als offiziell behauptet wird. Das wahre Rätsel stellt aber nicht ihre Datierung dar, sondern die Frage: Wie kommt der Astronaut hierher? Woher kannten die Mayas eine Rakete mit Rückstoßdüsen und Atemgerät für den Piloten?
Es ist die Geschichte der Maria Sabina, die uns zu einer rationalen Erklärung – ich wage es nach dem bisher Gesagten, diesen Ausdruck im Zusammenhang mit der Hellseherei zu gebrauchen – führen wird, und zwar über die halluzinogenen Drogen.
Hat der Bildhauer, der das Relief von Palenque schuf, tatsächlich eine Rakete gesehen? Es ist möglich, aber unwahrscheinlich. Ich glaube eher, daß er sein Werk unter dem Einfluß der heiligen Pilze geschaffen hat (dies gilt für die gesamte Kunst der Mayas) und in seinen Halluzinationen sonderbare Raumschiffe sah, die die

Venusgötter oder die hohe Persönlichkeit, deren sterbliche Überreste geehrt werden sollten, auf die Erde geführt hatten.
Es war ihm nicht möglich, die erstaunlichen Maschinen, die er in seinem sekundären Zustand erblickt hatte, exakt wiederzugeben; dennoch hat er die wesentlichen Merkmale beibehalten: die Form, die Antriebsart und besonders hervortretende Details.
Seine Zeichnung war genausowenig erfunden wie die olmekischen Riesen mit ihren Helmen im Urwald von Yucatán, die fliegende Untertasse im Codex Magliabecchiano und die fliegenden Götter und Ungeheuer im Troano-Manuskript.
Ebenso ist es wahrscheinlich, daß die Schöpfer der Motoren und Raumanzüge auf der Puerta del Sol von Tiahuanaco in Bolivien Visionen wiedergaben, die sie nach Einnahme des *ayahuascar* hatten, einem Absud aus halluzinogenen Pflanzen, die im Bergland um Pisac gehandelt werden.
Neben den Reliefs und anderen steinernen Zeugnissen über die Anwesenheit der »Götter« gibt es noch eine Reihe weitaus interessanterer Belege, die im allgemeinen bisher völlig unbekannt geblieben sind. Ich möchte sie nun zum erstenmal einem breiteren Publikum zugänglich machen, damit endlich einmal deutlich wird, welche phantastischen, sozusagen ungehobenen Schätze unsere Vergangenheit birgt. Zur Beruhigung notorischer Skeptiker erkläre ich ausdrücklich, daß ich mich für die Echtheit der abgebildeten Dokumente verbürge und daß ihre Interpretation oder Übersetzung mit der größtmöglichen Objektivität vorgenommen wurde.

9 Aufsehenerregende Dokumente

Die Monumente und Manuskripte der alten Kulturen berichten von den großen Ereignissen, den Marksteinen in der Geschichte der Menschheit: Erschaffung der Welt, Ankunft höherer Intelligenzen vom Himmel, Sintflut, Kampf gegen Ungeheuer oder Götter, Entdeckung der Landwirtschaft, des Feuers, des Metallschmelzens.
Die ältesten dieser Dokumente dürften das Popol Vuh der Quiché-Mayas (Mexikaner), das Buch Henoch, das persische Awesta, die indischen Wedas, die ägyptischen, phönizischen, tibetischen und äthiopischen Manuskripte, die Edda der Skandinavier und die Tontafeln von Glozel sein.
Etwas jüngeren Datums sind die Bibel, die Manuskripte oder Tafeln von Kleinasien, die gravierten Steine der Kelten, Inkas, Hethiter und Ägypter, die Inschriften auf den Tempeln in Mexiko und die Maya-Manuskripte, die zum Großteil auf Papier aus Agavenblättern aufgezeichnet wurden.
Die Dokumente auf Stein sind äußerst schwierig zu datieren. Die Fresken von Lascaux (Dordogne), die prähistorische »Bibliothek« von Lussac-les-Châteaux (Vienne), die in Höhlen gefundenen Inschriften und Gegenstände stammen ohne Zweifel aus vorsintflutlichen Zeiten. Vielleicht gilt dies auch für die Monumente in Peru und Bolivien – die berühmte Puerta del Sol –, für die ägyptischen Pyramiden und die keltischen Megalithbauten, aber es wäre vermessen, ein genaues Datum angeben zu wollen.
Sehr zahlreich sind die mexikanischen Manuskripte; sie sind auch besonders interessant, berichten sie doch in ihrer Bildersprache von Ereignissen, die oft 12 000 Jahre zurückliegen. Die bekanntesten sind das Troano-Manuskript, die Kodizes Borbonicus, Cortesianus, Vaticanus, der Chilâm Balâm, der Dresdner Kodex und der Kodex Perez . . . Sie sind in Ideogrammschrift verfaßt, obwohl manche Historiker (zu Unrecht) von einem Alphabet sprechen. Wir verfügen auch heute noch nicht über echte Übersetzungen, da bei Ideogrammen der Idee immer das Primat über das Wort zukommt. Die Manuskripte wurden aber niemals verfälscht, was ihnen einen unschätzbaren Wert verleiht.
Ihre Verfasser bedienten sich vorzugsweise der Kalenderform, benützten aber ein Zeitmaß, das sich unseren europäischen Begriffen entzieht. Für die Mayas löscht die heilige Zeit die profane Zeit in einer mythischen Welt aus, die in der realen Welt stets präsent ist.

Um einen Kodex zu interpretieren, muß man es dem Gehirn und der Phantasie überlassen, die Verbindung zwischen den auftauchenden Bildern herzustellen.

Wie übersetzt man die Schrift der Mayas?

Das in den Kodizes verwendete numerische System sieht auf den ersten Blick kindisch einfach aus: 1 ist ein Punkt, 2 = .., 3 = ..., 4 = ..., 5 = ein Strich –, 6 = ein Punkt auf einem Strich _._, 7 = 2 Punkte auf einem Strich _.._, und so fort.
Mit diesen Elementen wurden die Multiplikationen durchgeführt, *deren Zeichen ein Auge ist;* doch eine solche Mathematik ist für schwierige Rechnungen unzureichend. Die Mayas haben nämlich erwiesenermaßen über erstaunliche astronomische Kenntnisse verfügt, und es ist kaum anzunehmen, daß sie sich dabei dieser primitiven Rechenmethode bedienten. Außerdem sei daran erinnert, daß die Kultur der Mayas in allen Bereichen, von der Kunst und der Wissenschaft bis zum täglichen Leben, unter dem Einfluß des Psychischen stand.
Aus diesen Überlegungen ergibt sich, daß die Übersetzung der Schrift und der Mathematik mit dem dritten Auge erfolgen mußte, das mit dem × der Multiplikation bezeichnet wurde und soviel wie »Zustand des Überbewußtseins unter dem Einfluß der halluzinogenen Pilze« bedeutete. Unter diesem Einfluß wurde alles klar, verständlich, leicht, sowohl die Entzifferung von Ideogrammen als auch eine astronomische Multiplikation.
Um diese Art Wunder besser zu verstehen, denke man an das wunderbare Einverständnis der Liebenden, der Betrunkenen oder des Herrn mit seinem Hund: Die Verständigung vollzieht sich auf psychischer Ebene.
Da die Reliefs und Manuskripte des alten Mexiko in ihrer letzten Bedeutung nur durch eine visionäre Eingebung erfaßt werden können, muß das von Diego de Landa entdeckte Alphabet als unvollständig und wenig beweiskräftig angesehen werden. Vier Jahrhunderte lang sind Archäologen und Historiker im Labyrinth der Maya-Schrift herumgeirrt, ohne ihre wesentliche Eigenschaft zu bemerken: Sie ist nicht in unserem Sinne rational.
In allen Manuskripten und Kodizes findet man neben der Ideogrammschrift rein graphische Darstellungen, die in verständlicher Form das zeigen, was entweder im Ideogramm nicht auszudrücken ist oder durch direkte Darstellung leicht vermittelt werden kann.

In ihren Trancezuständen sahen die Priester Bilder von fliegenden Maschinen, Motoren, Düsen, verschiedenen Energien, die nicht in den Rahmen ihrer gewohnten Sprache paßten. Sie waren daher gezwungen, auf ihre Weise die bisher nie dagewesenen Bilder aufzuzeichnen. Um sie ihren Zeitgenossen verständlich zu machen, ergänzten sie sie durch die bekannten Ideogramme. Auf diese Art gaben sie die *Idee* wieder, aber sie zeigten auch so getreu als möglich die Details der *Form*.

Auf Hunderten von Zeichnungen erkennt man deutlich Szenen aus dem täglichen Leben, Riten, symbolische Erklärungen göttlicher Ereignisse, wogegen sich nur auf einigen wenigen Tafeln merkwürdige Gegenstände finden, die vollkommen ungewöhnlich sind. Diese geheimnisvollen Darstellungen weisen ohne Ausnahme Details auf, die sie direkt mit dem Flug und der Reise im Weltraum verbinden.

Bekannte Symbole wie das Feuer, der Vogel, die Schlange, der Himmel, das Erheben von der Erde verstärken die Aussagen über die Raumfahrt. Ganz verblüfft erkennt man auf den Bildern die Gesten der Techniker von Kap Kennedy wieder, die Raketen vom Typ Titan oder Gemini und das Prinzip des Rückstoßantriebs. Das Troano-Manuskript, die Kodizes Dresdensis, Cortesianus und Perez entdecken uns eine ungewöhnliche Vergangenheit, die im Zeichen des außerirdischen Abenteuers stand.

Vor dem näheren Studium der genannten Dokumente möchte ich noch auf einige wichtige Punkte hinweisen:

- Niemand kann die Maya-Manuskripte wirklich übersetzen, ausgenommen vielleicht Maria Sabina oder die mexikanischen Curanderos.
- Dennoch haben einige Ideogramme eine von der Mehrheit der Amerikaforscher anerkannte Bedeutung.
- Ein und dasselbe Ideogramm hat verschiedene Bedeutungen und ist im allgemeinen an den verschiedenen Stellen im Manuskript nur annähernd gleich gezeichnet. Zum Beispiel gibt das Symbol der aufgehobenen Erde (siehe folgende Abb.) vor allem den Gedanken des Aufhebens, des Erhebens, des Wegschleuderns von der Erde wieder. Details können hinzugefügt oder weggelassen werden, sogar die Form der Ideogramm-Kästchen kann variieren, wie zum Beispiel auf der Tafel XXVI des Troano-Manuskriptes, wo sie über der Schlange liegen.

Das erste Blatt dieses Manuskriptes berichtet von der Sintflut; es wurde von Brasseur de Bourbourg nach dem Alphabet von Diego de Landa übersetzt.

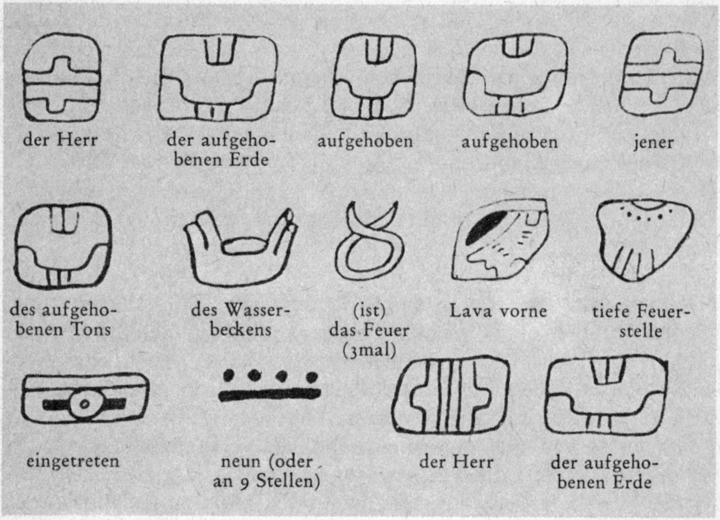

Dies ergibt folgende wörtliche Übersetzung: »Der Herr der aufgehobenen Erde im Wasserbecken (ist) das Feuer; Lava aus der tiefen Feuerstelle ausgestoßen, neun eingetreten (neunmal oder an neun Stellen). Jener der aufgehobenen Erde . . .«, usw.

Die Übersetzung von Heinrich Schliemann sieht ganz anders aus; sie stützt sich auf den chronologischen Ablauf des Maya-Kalenders: »Im Jahre 6 Kaân, am 11. Muluk des Monats Zak, begannen schreckliche Erdbeben, die ohne Unterbrechung bis zum 13. Chuen dauerten. Die Länder der Berge aus Lehm, oder Land Mu, waren die Opfer.

Nachdem es zweimal aufgehoben wurde, ist Mu in der Nacht versunken, nachdem es ununterbrochen von unterirdischen Vulkanen untergraben worden war. Der Kontinent wurde mehrmals aufgehoben und niedergesenkt . . .«

In dieser Übersetzung wird willkürlich das Land Mu zitiert. Heinrich Schliemann verbindet die Sintflut mit dem Untergang von Atlantis und Mu, das nach der Überlieferung an der Stelle der

Wüste Gobi und im Pazifischen Ozean gelegen sein soll. Es ist möglich, daß diese Interpretation den Tatsachen entspricht, aber der berühmte Archäologe hat einen Ortsnamen eingefügt, der im Maya-Text nicht aufscheint.

Düse — aufgehoben Aufhebung — Motor — Fliegende Schlange

Pyramide Energie — Feuer — Fliegende Stiege — Kraft, Macht Ansammlung

Die Übersetzung von Brasseur de Bourbourg scheint mir eher richtig zu sein; doch auch sie ist umstritten, weniger von der Idee her als von der Anordnung und der Auswahl der Wörter. Eigentlich ist es nur ein Streit von Sprachforschern, der keine grundsätzliche Bedeutung hat, aber es muß darauf hingewiesen werden, daß es ebenso viele Interpretationen wie Interpreten gibt, da es für die Maya-Schrift, wie ich bereits erwähnte, keine allgemeingültige, anerkannte Übersetzung gibt.

Das Grundthema bleibt unverändert: Bilder von Erdbeben, Vulkanausbrüchen und versunkenen Kontinenten, was sehr wohl eine weltweite Sintflut bedeuten könnte. Nur die Details variieren, was zeigt, daß bei der Übersetzung eines Ideogrammes nur die ausgedrückte allgemeine Idee wesentlich ist.

Aus diesem Grund habe ich meine eigene Interpretation auf die Analyse der hervorstechendsten Bilder beschränkt, die noch durch Ideogramme erläutert werden, deren Sinn relativ bekannt ist.

Acht Symbole werden uns als Schlüssel dienen. Fast alle gehören zum allgemein anerkannten Alphabet. Die Düse und den Motor glaube ich eindeutig identifiziert zu haben: erstere durch ihr Aussehen, den Motor auf Grund der vorherrschenden Stellung, die er auf allen Bildern einnimmt.

Auf den reproduzierten Tafeln ist der Text von unten nach oben und von rechts nach links zu lesen, aber es steht dem Leser frei, diese rein konventionelle Ordnung umzuändern. Die Ziffern 1, 2 und 3 beziehen sich auf die großen Zeichnungen, wobei die Nummer 1 unten liegt *(siehe die folgenden Seiten)*.

TAFEL VI

1. Die Person, über der ein fliegendes Ungeheuer und ein Pfeil liegen, deutet den Gedanken des Raumflugs an.
2. Konzentration von Kraft und Energie (die Pyramide) über den Zeichen der Erhebung von der Erde. Der Reisende sitzt unter einer Düse, aus der kein Feuer kommt (Ruhestellung) und die mit einem Antriebsteil (das Kästchen mit den gekreuzten Stäben) verbunden ist.
3. Rituelle Bereitung des Feuers. Gedanke der Energie.

TAFEL VII

1. Feuer, Energie, fliegendes Ungeheuer und spitzbogenförmige Pyramiden, die unter einer Düse konzentriert sind. Das Symbol ist zweimal vorhanden. Beide Düsen tragen das Zeichen des Motors.
2. Zeichen des Feuers und fliegende Ungeheuer.
3. Riesige Energiepyramiden und fliegendes Ungeheuer unter der Düse, die immer noch mit dem Motor verbunden ist. Darüber: Zeichen der Erhebung von der Erde zum Sternenhimmel.

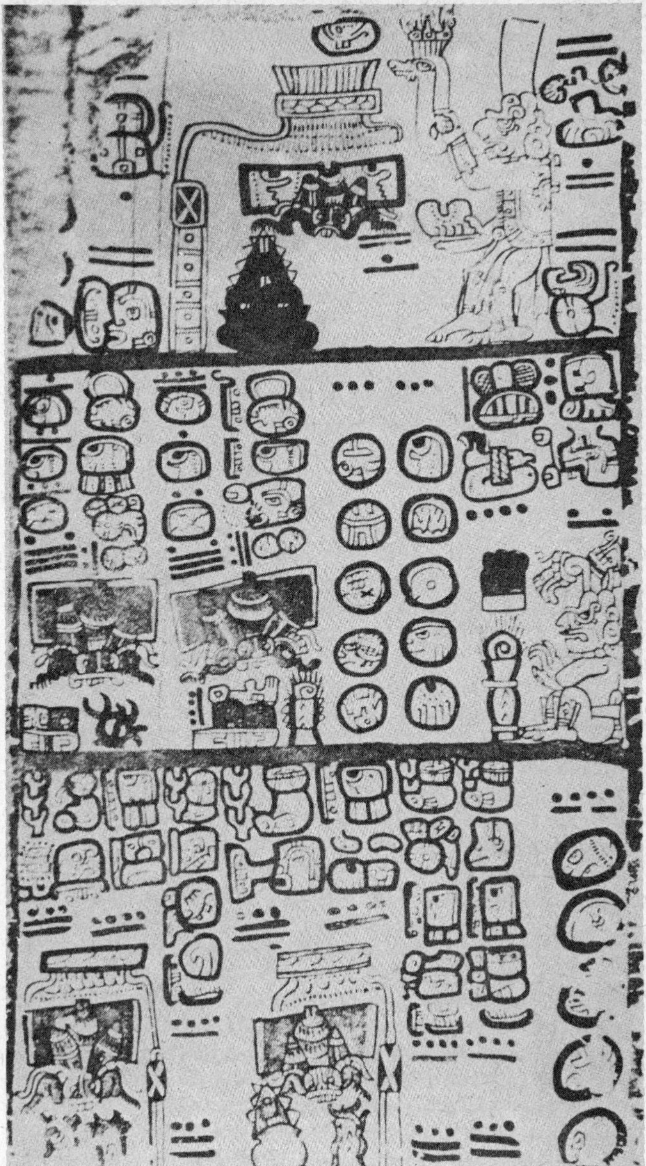

TAFEL XX

Links von den Zeichnungen: 12 Kästchen mit Darstellungen der in den Himmel gehobenen Erde.
Überall: Anhäufung von Vögeln und sonderbaren Geräten, die Flugmaschinen darstellen. Fast alle tragen das Zeichen der Erhebung von der Erde. Einer dieser Apparate sieht wie eine Lokomotive aus (mit zwei Zeichen der Erhebung) und scheint Räder zu haben. Ein anderer hat anscheinend ein Steuer. Der Grundgedanke des Raumflugs ist deutlich zu erkennen.

TAFEL XXII

1. Über der Schlange, dem universalen Symbol der Flugmaschine, wird eine von den Kästchen deutlich betonte Aufhebungskraft bereitet. Zahlreiche Symbole für den Flug, die fliegende Treppe und die Erhebung über die Erde (13 am linken Rand).
   Zwischen den beiden Zeichnungen sieht man (wie schon auf der Tafel XX) ein Ideogramm-Band mit astronomischen Symbolen (Sterne) und dem Zeichen des Motors.
2. Es wird Kraft (die Ringe) auf die fliegende Schlange geleert. Zeichen des Fluges. Die auf dem Kopf stehenden Ungeheuer deuten vielleicht die Schwerelosigkeit an.

TAFEL XXVI

1. Die fliegende Schlange scheint mit der für den Abflug nötigen Energie geladen zu sein. Ihr Kopf ist wie am Boden verankert. Zwei Symbole der erhobenen Erde.
2. Allgemeine Idee: Fortbewegung im Raum durch Rückstoßantrieb. Die vom Ungeheuer ausgehende Kette bedeutet Ansammlung, Energiekonzentration (sie endet in einer Art Hufeisen, das nach dem Alphabet des Kodex Perez »großer Atem, der sich ausdehnt«, bedeutet). Die schwarze, mit Strahlungen umgebene Scheibe ist ein Symbol für konzentrierte Energie.

Die Stellung der Tafel XXVI im Troano-Manuskript scheint nicht auf eine Aktion hinzudeuten, sondern auf eine noch nicht verwirklichte, aber in Vorbereitung befindliche Aktion. Es ist auch das Gerät mit der Düse und dem Motor nicht auf der Zeichnung vorhanden.

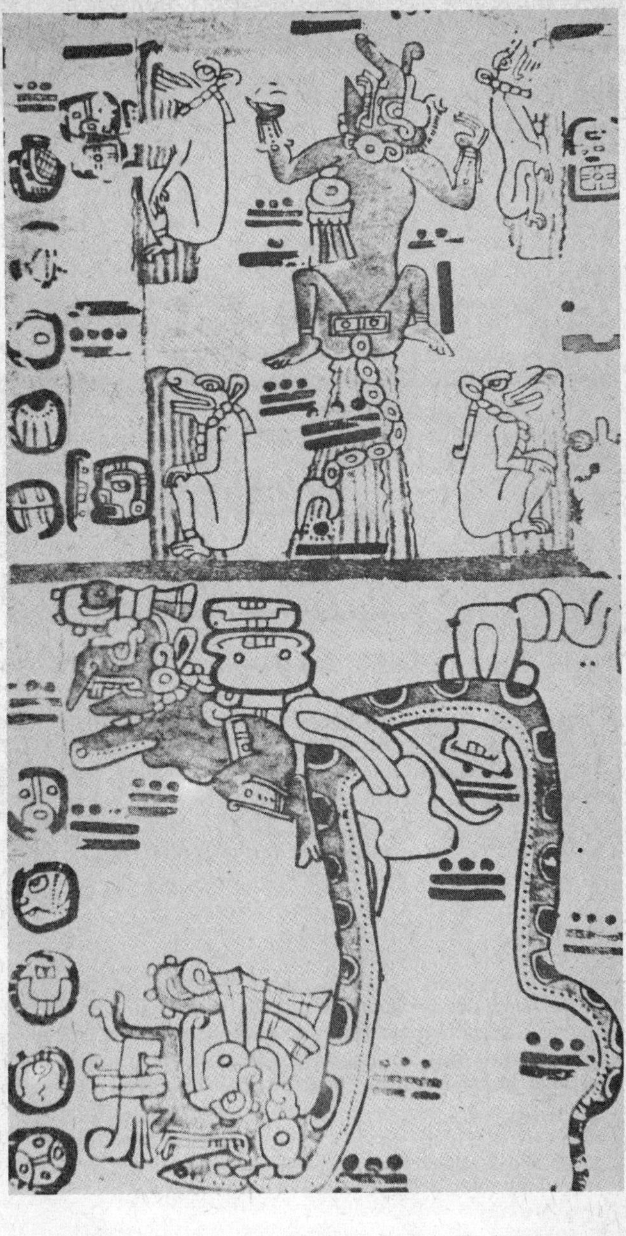

TAFEL XXVI a

1. Erprobung des Flugapparates? Die Figur erinnert bereits stark an einen Astronauten mit Helm und Schutzanzug und einem Apparat auf dem Rücken (das Symbol darauf kennen wir nicht). In der Hand hält er eine Umhängetasche, in der sich vielleicht der Reiseproviant befindet.
2. Zwei Personen sitzen über dem Zeichen der Gärung = Schub nach oben. Die rechte deutet ein Geräusch an, das zu hören sein wird. Die linke hält einen Schläger mit Flugsymbol.

TAFEL XXVII

1. Gasspeiende Düse. Die Figur hält das Feuer an den Motor (sie setzt ihn in Betrieb), aber die Düse arbeitet noch nicht. Die umliegenden Symbole verstärken deutlich die Idee des Raumflugs.
2. Die Figuren tragen drei sehr deutliche Symbole:
   das Geräusch (es kommt aus dem Horn) = Heulen des Motors,
   den Pfeil = Flug,
   die Pyramide = Energie.

TAFEL XXVIII

Die Düse wird gezündet, der Motor in Betrieb gesetzt. Der Gegenstand, den die Figur in der Hand hält, ist eine Fackel.

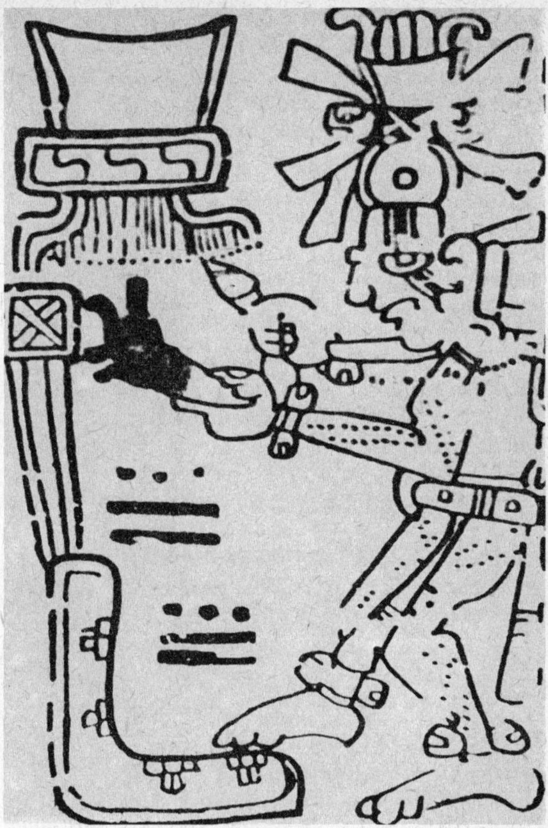

TAFEL XXIX

Wiederholung der Zündung von Motor und Düse.
Wie beim Bericht über die Katastrophe, in dem das Zeichen der aufgehobenen Erde dreimal aufscheint, weist die Wiederholung gleicher Handlungen (Tafeln XXVII, XXVIII und XXIX) auf die Kraft und die Schwierigkeit der Tätigkeit hin. Die Zeichnungen auf den anderen Tafeln des Manuskripts waren mir unverständlich. Sie berichten von Taten und Ereignissen, die sich vielleicht auf einem anderen Planeten ereigneten, die aber vom Erzähler nach Maßgabe seines irdischen Verständnisses wiedergegeben wurden.
Um sie zu interpretieren, müßte man den Sinn der Ideogramm-Kästchen eindeutig klären, das ist beim heutigen Stand des Wissens über die Schrift der Mayas nicht möglich.

DER DRESDNER KODEX

Wie die meisten anderen Maya-Manuskripte hält man den Dresdner Kodex für einen Kalender. Auf der nebenstehenden Tafel wird das Thema der Reise in den Weltraum mit ähnlichen Zeichnungen wie im Troano-Manuskript aufgegriffen. Deutung von unten nach oben und von rechts nach links, entsprechend der Reihenfolge der Bilder: 1. Die Kraft (Ringkette) des Feuers (die vertikalen Wellenlinien) wird den Antrieb ermöglichen. 2. Jener, der sich über die Erde erheben wird (Symbol zwischen den Fingern), auf der die Menschen wohnen (hockende Figur). 3. Kraftvoller Flug (die Ringe), ermöglicht durch die feuerspeiende Düse, die mit dem Motor verbunden ist. 4. Mächtiger Flug der Schlange in Entspannungsstellung. 5. Die fliegende Schlange, die den Antrieb enthält, fliegt hoch in den Himmel. 6. Fußabdrücke = Schreiten des Gottes auf der Erde, vor dem sich drei Symbole konzentrierter Energie und der Erhebung von der Erde sowie ein Krater mit dem gelöschten Feuer befinden. Darüber ist der Flugvogel über der erhobenen Erde. Die beiden Figuren links tragen das Zeichen der Erhebung über die Erde. Die obere liegt auf der Düse, aus der kein Feuer mehr kommt. Gedanken der beendeten Reise.

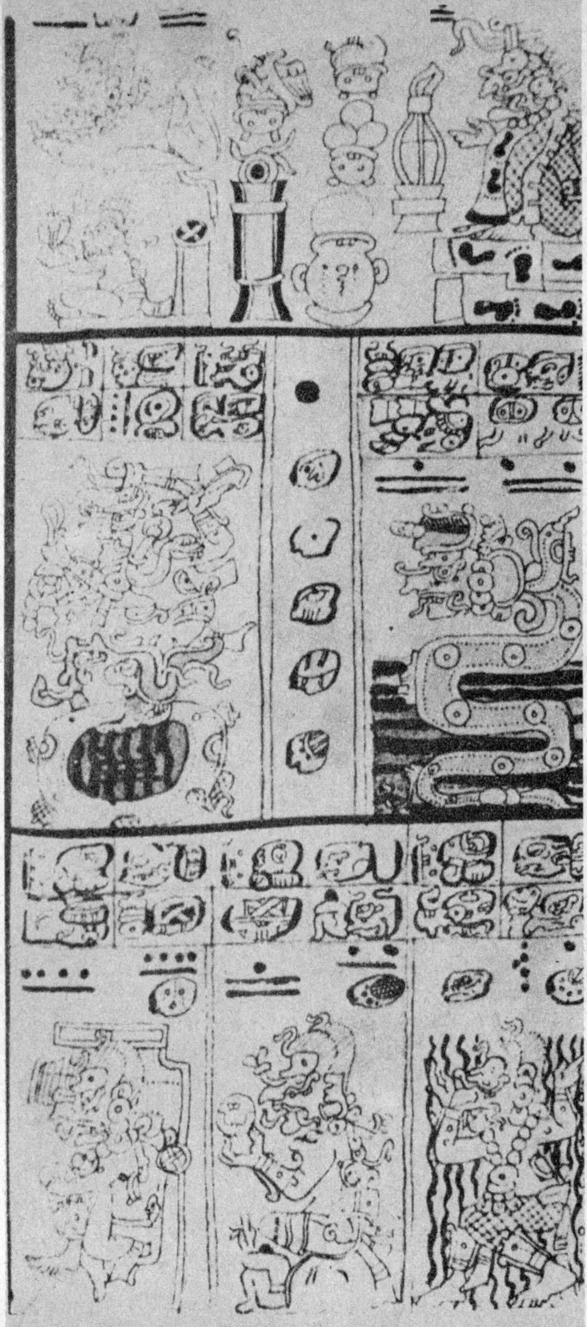

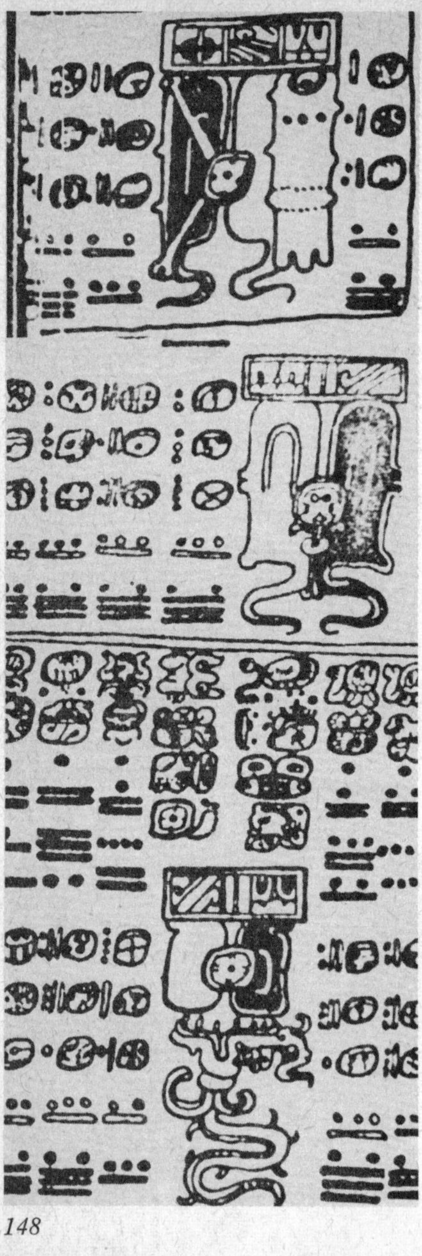

Der Kalender des Kodex enthält noch andere Symbole, die auf einen Flug hinweisen.

1, 2, 3. Stilisierter Apparat mit Düse und Motor, über dem sich zwei oder drei astronomische Symbole befinden.

4. Idee der Erhebung einer Figur, die an zwei Symbolen hängt. Das rechte symbolisiert den Raum, das linke ist ein Ideogramm, das nach oben gerichtete Kräfte ausdrückt.

Was immer man gegen diese Deutungen einwenden mag, eines scheint mir unmöglich: zu leugnen, daß die Tafeln und Zeichnungen des Troano-Manuskripts und der Kodizes Perez und Dresdensis deutlich mit einem außerirdischen Abenteuer in Beziehung stehen. Dies wird außerdem von der ganzen Mythologie der alten Mexikaner bestätigt.

DRESDNER KODEX

Die Göttin lauscht den Wellen des Weltraums.

KODEX PEREZ

Der Kodex Perez wurde 1863 in der Kaiserlichen Bibliothek von Paris – der heutigen Nationalbibliothek – entdeckt, und zwar von Professor Leon de Rosny, einem berühmten Orientalisten.
Die hier abgedruckte Tafel ist nie übersetzt worden, denn sie läßt – wie manche Zeichnungen des Troano-Manuskripts – die Übersetzer verzweifeln.
Ich habe mich trotzdem an ihre Interpretation gewagt. Die bekannten Zeichen habe ich jeweils mit einem X gekennzeichnet, anderen, die im bekannten Alphabet nicht enthalten sind, habe ich eine willkürlichere, aber logisch erscheinende Deutung gegeben.

1. Himmel. X
2. Flugmaschine mit Propeller.
3. Das Ding, das davonfliegen wird.
4. Hauch. Planet Venus. X
5. Der Herr, der die Macht über den aufsteigenden Dampf hat. X
6. Der sehr starke Herr des Dampfes. X
7. Die Kraft der Sonne, verbunden mit dem Gedanken der Stiege (Erhebung). X
8. Große Kraft, die das Licht benützt.
9. Der sehr starke Herr des Dampfes. X
10. Erhebung über die ursprüngliche Erde (daneben: Zeichen des Motors).
11. und 12. Irdischer Gegenstand, der in den Himmel über die Berge erhoben wird. X
13. Raumflug, Schwerelosigkeit.
14. Energie, die in einer Vase über einer Pyramide (Energie) mit Motor eingeschlossen ist.
15. Düse, die mit einem Motor verbunden ist und die Schwerelosigkeit der Figur bewirkt.
16. Astronaut?
17. Symbol für Energie, Stiege (Erhebung) und Planet Venus. X
18. Erhebung von der Erde (dreimal). X
19. Apparat, der am Sternenhimmel fliegt.
20. Drei Zeichen für Gefahr. X – X
21. Befreiung, Ausdehnung. X – X
22. Düse, die rechts mit einem Motor und links mit einem Energiesymbol verbunden ist.

Ich überlasse es dem Leser, die Verbindung zwischen diesen Zeichen und Symbolen herzustellen. Der allgemeine Gedanke ist aber auch hier eindeutig jener einer durchgeführten oder geplanten Aktion, die in Form eines Raumfluges vor sich geht.

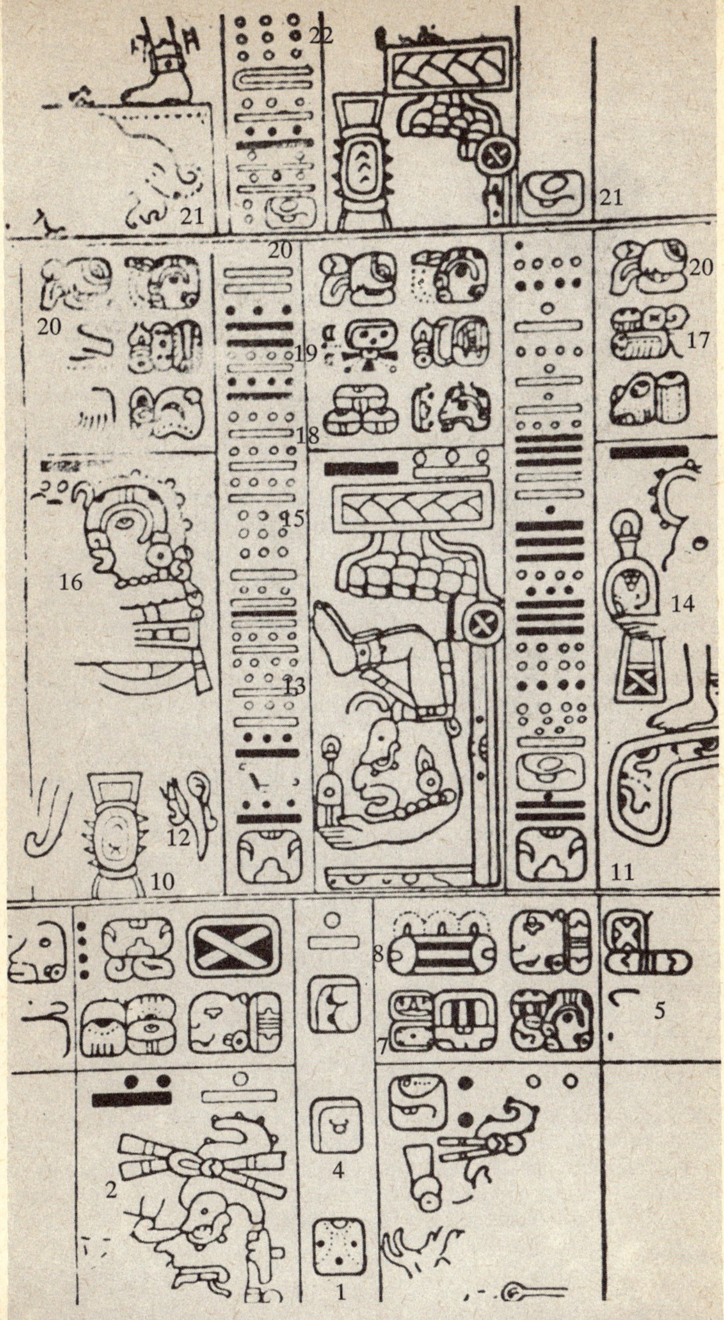
22
21
21
20
20
20
20
19
17
18
15
16
14
13
12
10
11
8
5
7
4
2
1

KODEX CORTESIANUS

Der Kodex Cortesianus ist eines der bedeutendsten Maya-Manuskripte: er gehört der Bibliothek von Madrid.
Die Tafel VI vermittelt die genaue Vorstellung einer Reise von der Erde zum Planeten Venus.
Im Mittelpunkt sitzt der Erdenbewohner (zu seinen Füßen befindet sich ein Symbol, das die Erde darstellen dürfte).
Über diesem Symbol ist ein Kästchen mit dem Zeichen der Venus. Rechts ist der Venusgott mit drei übereinandergestellten Zeichen seines Planeten zu erkennen.
Zwischen den beiden Figuren erhebt sich eine Art Pilz, der sich wie eine Atomexplosion ausbreitet.
Verschiedenen Interpreten zufolge beginnt die mit schwarzen Punkten markierte Reise beim Venuszeichen links unten und setzt sich nach rechts in einem gewundenen, insgesamt aber kreisförmigen Weg fort.
Die erste Station zeigt den Raumfahrer unter einer Düse. Vor ihm befindet sich das Zeichen der Erhebung von der Erde, gefolgt von einem Pfeil, der die Idee noch verstärkt.
Die anderen erkennbaren Zeichnungen zeigen wieder die Figur unter einer Düse, die allerdings kleiner ist (vielleicht als Zeichen der Verlangsamung). Dann befindet sich der Astronaut vor einem Gott. Man unterscheidet unter dem geflügelten Symbol die Pünktchen ihres Gesprächs.
Der Astronaut hat sich wieder auf die Reise gemacht, da er sich wieder unter einer Düse befindet. Er begegnet einem Gott, der noch mächtiger ist als der vorige, da er eine dicke Kraftkette um den Hals trägt (außerdem hält er ein Symbol der Erhebung von der Erde in der Hand, über dem sich eine kleine Raketenzeichnung befindet). Eine dritte Begegnung scheint angedeutet. Das Gesamtbild spricht eine deutliche Sprache und läßt keine andere Interpretation als die eines Raumflugs zu. Tafel XIV: Auch hier finden wir das Zeichen der Venus. Die Schlange ist in der Luft dargestellt, genauer gesagt, sie bewegt sich in der Luft durch einen Rückstoß, der aus einer Düse unter dem Schwanz kommt. Die Bedeutung ist so klar, daß sich ein Kommentar erübrigt.

TAFEL VI

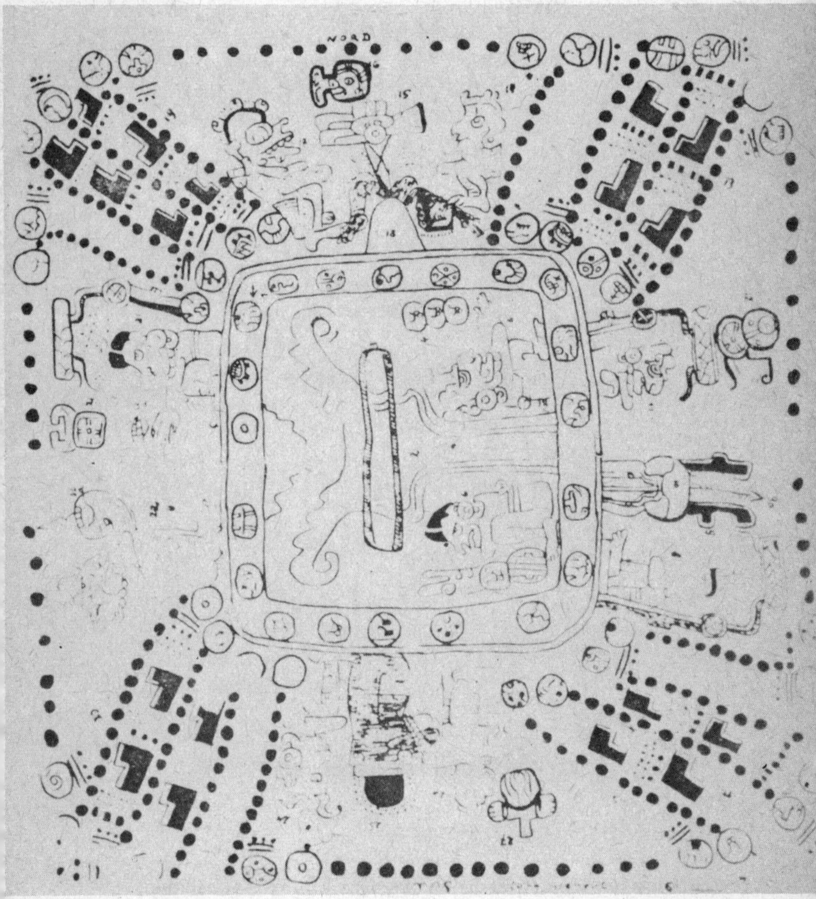

TAFEL XIV

Die Schlange mit Rückstoßantrieb aus dem Kodex Cortesianus.

KODEX MAGLIABECCHIANO

(Bibliothek von Rom)

Sonderbare Zeichnung, die an das Bild einer »fliegenden Untertasse« erinnert. Die Köpfe der Schlangen symbolisieren das Fluggerät (ihre Schwänze sind zwei flammende Fackeln).

Mit dem Troano-Manuskript und dem Manuskript von Lhasa (das erste berichtet von der Sintflut, das zweite von einer Katastrophe, die durch das Herabfallen des »Baalsterns« ausgelöst wurde) sind zwei Prophezeiungen von eingeweihten Mayas eng verbunden, die nach Hieroglyphen-Dokumenten übersetzt wurden.

1. Prophezeiung von Napuctum

(Sibyllinische Prophezeiung nach Lizana Devocionario de Nuestra Señora de Itzmal – Universale Bibliothek von Mexico City.)

1. Wenn durch das Feuer diese Halbinsel zu Ende geht, wird jener, der über dem Meerschaum herrscht,
2. als dreifache Gottheit aufstehen, wohl angesichts der kommenden Tage. (Dreifache Gottheit = der Vulkan, der dreifach wird.)
3. Da er hienieden durch das Feuer enden soll, wird der Prächtige nach den auf den alten Palästen gravierten zyklischen Gesetzen verzehrt werden.
4. Wer ihn sieht, wird sein Wort sprechen,
5. seine zahlreichen Leiden beweinen.

2. Prophezeiung des Götzenpriesters Ahkuil-Chel

1. Wenn die Aufzeichnung des gegenwärtigen Zyklus beendet ist,
2. wird keiner von euch hier weise genug sein, die Zukunft vorauszusagen,
3. keinem wird es gegeben sein, das Gewirr der zyklischen Inschriften zu entflechten.
4. Der Schmerz wird kommen, durchdringen, im Hals sein.
5. Wie im Norden, so zum Sonnenuntergang,
6. an allen Seiten wird es davon geben, ja!
7. Kein Priester, kein Prophet
8. wird dasein, um das Wort der Heiligen Schrift zu sagen
9. unter so vielen Prinzen.
10. Keiner von euch wird weise genug sein in so vielen verschiedenen Ländern.

Die Tafeln aus der Wüste Gobi

Im 19. Jahrhundert entdeckten Archäologen in der Wüste Gobi Tafeln aus Gold, auf denen die Geschichte der Menschheit aufgezeichnet war. Sie waren in einer unbekannten Sprache verfaßt, aus der später das Zend entstand. Sie wurden in verschiedenen Heiligtümern hinterlegt, wo sie sich angeblich in Kupfer verwandelten.

Folgendes wissen wir über ihren Inhalt: Anläßlich der Sintflut hinterließ ein Herrscher des Landes Mu in Asien seiner Gemahlin, die als einzige überlebte, Tafeln aus Gold, auf denen die Geschichte der Menschheit vor der Katastrophe aufgeschrieben war. Aus diesen Tafeln ging hervor, daß einst »Götter« vom Himmel herabgestiegen waren. Es wurde ausdrücklich gesagt, daß es sich um Astronauten handelte, die vom Planeten Venus und vom Sirius stammten. Es waren auch Ratschläge über eine vernünftige Ernährung, das Atmen und das Geheimnis der Verjüngungskuren enthalten.

Anahita, die Tochter der Königin von Mu, hatte im Alter von neun Jahren die Fähigkeit des »Wiedererinnerns« erlangt. Nach den Anweisungen ihrer Eltern schrieb sie auf 100 000 kleinen goldenen Tafeln die Dokumente der Ahnen nieder und fügte ihre eigene Botschaft hinzu. Einige dieser Tafeln wurden in der Wüste Gobi gefunden. Andere sollen noch vergraben sein, zum Beispiel auf dem Berg Mano in Tibet.

Nach dem Swâmi Matkormano, der die im Firdôs* von Hawaii hinterlegten Tafeln gesehen und übersetzt hat, teilten sich die Weißen zur Zeit der Anahita in zwei Stämme; der eine folgte der Bewegung der Sonne (nach Westen), der andere verblieb in Indien. Der Stamm, dem Anahita angehörte, erfand die Zendsprache, aus der das Sanskrit hervorging.

Das Manuskript von Tuen Huang

In einem tibetischen Manuskript, das in China entdeckt wurde – auf der nächsten Seite ist die Fotokopie eines Ausschnitts abgedruckt –, sind erstaunliche Dinge erhalten. Das Dokument hat eine Gesamtlänge von 0,90 m und eine Breite von 0,25 m.

* Firdôs = Paradies. Das Wort stammt von Zoroaster. Das awestische »pairidaez« ist eine Festung oder ein umschlossener Ort. Pairi = Lebensform, die mit dem Kosmos in Einklang steht.

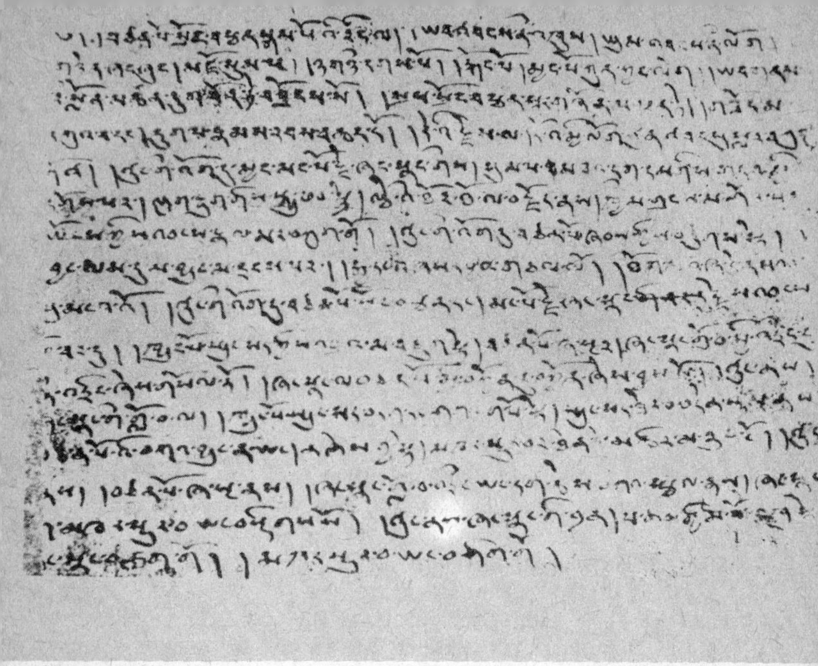

Es enthält zunächst eine Liste der alten Fürstentümer in Tibet, dann eine Königsreihe, die in Zeiten lange vor dem Dalai-Lama, bis Glan-dar-ma, genannt U'i-dum-brtan, zurückreicht.
Hier einige Auszüge:
II: »Gekommen vom hohen Himmel der Götter als Söhne von sechs Vätern, Göttlichen Herrn, die über dem mittleren Himmel ihren Sitz haben, gab es drei Ältere und drei Jüngere, sieben für die Dynastie der Sieben Throne; so gab es Khri Nag-Khri bean-po. Er kam herunter als die Erde befruchtender Regen und erster der Väter des Landes . . .
Zuerst *erreichte er die Erde*. Dann war er Fürst über alles, was unter dem Himmel ist . . .«
III: »Als Söhne von sechs Vätern, Höchsten Herrn, die über dem mittleren Himmel ihren Sitz haben, gab es drei Ältere, drei Jüngere, sieben für die Dynastie der Sieben Throne. Der Stammbaum der Dynastie der Sieben Throne war:
Lde Nag-Khri bean-po. Er kam herunter als die Erde befruchtender Regen und erster der Väter des Landes. Dieser Sohn der Götter herrschte über die Länder der Menschen. Dann *kehrte er körperlich in den Himmel zurück.*«

»Lde Nag-Khri bean-po und Gnam Mug-Mug zeugten Mu-Khri bean-po (oder Mug-Khri bean-po).«
Dieser letzte Abschnitt sieht in phonetischer Übertragung folgendermaßen aus: Iha sras myi yul gyi rgyal mjad cin bzugs pa las / mnon du thal byun dgung du gsegs pa / / lde nag khri bean po dan / gnam mug mug du b'sos pa'i sras / / mu khri bean po mug khri bean po . . .
An anderer Stelle liest man: »Der Gott lde-bla guin-rgyal hatte im Himmel den König DRI-Gum entführt, als lo-nam aus seiner Achsel den *Ahnen Affe* zog, der lde-bla gun-rgyal in den Schnee des Ti-che zurückwarf. Da wurde der König Dri-Gum getötet . . .«
Dieser Bericht scheint die These von Darwin zu unterstützen, derzufolge der Mensch vom Affen abstammt; doch man kann es auch so verstehen, daß der *Ahne Affe* nur der Ausgangspunkt seiner eigenen Rasse ist, was mir besser mit dem übrigen Text in Einklang zu stehen scheint, in dem gesagt wird, daß die ersten tibetischen Könige der Söhne von »sechs Vätern, Göttlichen Herrn«, waren.
Dagegen besagt das Manuskript eindeutig, daß diese tibetischen Könige keine Erdenmenschen waren. Sie kamen vom Himmel (oder von einem anderen Planeten), da sie »die Erde erreichten«, und wir können sie mit den »Göttern« ihrer Zeit gleichsetzen.
Die Interplanetarreise ist auch noch im Abschnitt III erwähnt, wo gesagt wird, daß lde Nag-Khri bean-po *körperlich in den Himmel zurückkehrte,* was nur durch ein Fortbewegungsmittel in der Luft möglich war.

Troja in Kleinasien – oder Ilion oder Pergamos – wurde nach der Überlieferung von den keltischen Pelasgern gegründet. Seine mächtigen Mauern sollen von Apollo, dem Hyperboreer, und Poseidon erbaut worden sein. Diese Legende weist bereits deutlich darauf hin, daß die alte Geschichte Kleinasiens mit jener des Okzidents der Kelten und durch Poseidon, dem Gott der Atlanter, auch mit Atlantis verbunden ist.

In seinen unsterblichen Versen der Ilias und der Odyssee beschrieb Homer die Belagerung Trojas, bei der die Anführer der Griechen Agamemnon, Achilles, Odysseus, Ajax und andere den Söhnen des Priamos, Hektor und Paris, feindlich gegenüberstanden, da der Letztgenannte die Unvorsichtigkeit begangen hatte, die schöne Helena, Gemahlin des Königs von Sparta, Menelaos, zu entführen.

Dank der Schlauheit des Odysseus (er baute das berühmte Trojanische Pferd) wurde die Stadt eingenommen, geplündert und niedergebrannt. Zahlreiche Bewohner von Troja – doch dies ist eine andere Geschichte – kehrten in die Länder ihrer Ahnen zurück, nach Holland, Belgien und Frankreich.

Im Jahre 1871 wandte sich Heinrich Schliemann von der damals ziemlich beschränkten klassischen Archäologie ab und ging eigene Wege. Er nahm die Erzählungen von Homer und Platon wörtlich, und so gelang es ihm, die sagenumwobene Stadt zu finden und freizulegen.

Unter dem Troja des Priamos fand Schliemann die Grundmauern der ursprünglichen Stadt. Zahlreiche Scherben und Stücke gebrannter Erde trugen religiöse Symbole der alten Arier (unter anderem die Swastika der Inder) und gaben so Aufschluß über die ursprüngliche Bevölkerung.

Die meisten der aufgefundenen Vasen waren in Form einer Eule modelliert, dem Nachtvogel, den Minerva Glaucopis (die Grünäugige), die Beschützerin von Ilion, bevorzugte. An ihren Seitenflächen waren die Hakennase, die Augen, die Brüste und der Nabel der Göttin zu erkennen.

Schliemann fand auch Gegenstände und Waffen aus Feuerstein, Silber, Gold und Kupfer. Die trojanischen Waffen aus Kupfer sehen genauso aus wie die prähistorischen Bronzewaffen, die in Dänemark und in den Pfahldörfern der Schweiz gefunden wurden.

Die Vielzahl der Übereinstimmungen und Hinweise überzeugte den deutschen Wissenschaftler, daß das prähistorische Troja eng mit einem anderen, ebenfalls mythischen prähistorischen Kulturkreis verbunden ist: mit Atlantis.

Wenn Schliemann gesprochen hätte

War sich Heinrich Schliemann überhaupt dessen bewußt, daß er eine der größten Entdeckungen aller Zeiten gemacht hatte, daß er nämlich der wahren Geschichte der Menschheit auf die Spur gekommen war? Ja, darüber kann kein Zweifel bestehen; denn er begriff, daß er unbarmherzig getötet würde, wenn er die ganze Wahrheit preisgäbe.

Daher beschloß Schliemann, das Wesentliche, das Wertvollste seiner Entdeckungen erst nach seinem Tode bekanntzumachen, wenn die Zeit seinen historischen Thesen bereits mehr Gewicht verliehen hätte.

Er traf alle Vorkehrungen, um sein Leben, aber auch die Wahrheit zu schützen, die er der Welt ins Gesicht schleudern wollte. Er versteckte die wertvollsten Stücke, die er bei seinen Ausgrabungen gefunden hatte, schrieb eine Botschaft und hinterließ alles seiner Familie mit einem bedeutenden Geldbetrag, der die Ausführung seines letzten Willens sicherstellen sollte. Dies wird zumindest von seinem Enkel behauptet.

Trotz aller Vorsichtsmaßnahmen wurden die Entdeckungen sofort nach ihrem Bekanntwerden verschleiert. Dies ging sogar so weit, daß selbst ein berühmter Verfechter von Atlantis, der Schriftsteller A. Bessmertny, einem Brief große Bedeutung zuzumessen schien, den ihm 1890 Wilhelm Dörpfeld, einer der engsten Mitarbeiter Schliemanns, sandte (aber vielleicht hatte auch er allen Grund, zurückhaltend zu sein):

»Meines Wissens hat sich Heinrich Schliemann nie besonders mit der Frage Atlantis beschäftigt«, schrieb Dörpfeld, »aber ich halte es für möglich, daß er Notizen zu diesem Thema gesammelt hat. Indessen glaube ich nicht an ein authentisches Werk von ihm über dieses Thema . . .«

Die nachstehend abgedruckten Texte würden aber – vorausgesetzt, daß sie echt sind – beweisen, daß Schliemann dem Problem Atlantis eine große Bedeutung beimaß. Da er die Zielscheibe zahlreicher Angriffe war, scheint seine Vorsicht verständlich und vielleicht auch die seines Universalerben . . .

Wie dem auch sei, am 20. Oktober 1912 erschien in der amerikanischen Zeitschrift *The New York American* ein Artikel von Dr. Paul Schliemann, dem Enkel des Entdeckers von Troja, mit dem Titel »*Wie ich Atlantis wiederfand, den Ursprung aller Kulturen . . .*«, der hier in den wichtigsten Auszügen wiedergegeben werden soll:

»Einige Tage vor seinem Tod in Neapel im Jahre 1890 übergab mein Großvater Heinrich Schliemann einem seiner besten Freunde einen versiegelten Umschlag, auf den er folgende Zeilen geschrieben hatte: ›Darf nur von einem Mitglied meiner Familie geöffnet werden, das sich damit bei seiner Ehre verpflichtet, sein Leben den in der Botschaft zusammengefaßten Forschungen zu widmen.‹

Eine Stunde vor seinem Tod verlangte mein Großvater Bleistift und Papier. Mit unsicherer Hand schrieb er: ›Geheimer Zusatz zum Inhalt des versiegelten Umschlags. Zerbrich die Vase mit dem Eulenkopf, untersuche den Inhalt. Er betrifft Atlantis. Grabstätte östlich der Ruinen des Tempels von Sais und im Totenfeld des Tals von Chacuna. Wichtig.

Du wirst Beweise für die Richtigkeit meiner These finden. Die Nacht kommt. Leb wohl!‹

Diese Botschaft wurde ebenfalls seinem Freund übergeben, der sie gemeinsam mit dem versiegelten Umschlag in einer französischen Bank hinterlegte.

Nachdem ich meine Studien in Rußland, Deutschland und im Orient abgeschlossen hatte, entschloß ich mich, die Forschungen meines berühmten Großvaters fortzusetzen.

Im Jahre 1906 übernahm ich die geforderte Verpflichtung, als ich das Siegel des Umschlags brach. Er enthielt Fotografien und verschiedene Dokumente. Der erste Text besagte folgendes: ›Wer diesen Umschlag öffnet, muß ernsthaft schwören, das von mir begonnene Werk fortzusetzen.

Ich bin zu dem Schluß gelangt, daß Atlantis nicht nur ein riesiges Land zwischen Amerika und der Westküste Afrikas und Europa, sondern auch die Wiege unserer Kultur war . . .

Im Material, das ich gesammelt habe, befinden sich Dokumente, Notizen, Artikel und andere Beweise zu dieser Frage.

Wer immer diese Stücke prüft, verpflichtet sich bei seiner Ehre, meine Forschungen fortzusetzen und sein möglichstes zu tun, um sie zu einem Abschluß zu führen.

Zunächst muß er die Mittel benützen, die ich in seine Hände lege; außerdem darf er nicht verschweigen, daß ich der wahre Urheber seiner Tätigkeit bin.

Die Banque de France hat eine Summe in Verwahrung, die gegen Quittung übergeben wird; sie wird zur Deckung der Kosten der Forschungen ausreichen.
Möge der Allmächtige diese wichtige Aufgabe begünstigen.

Gez. Heinrich Schliemann.‹

König Kronos von Atlantis

Ein anderes Manuskript meines Großvaters hatte folgenden Wortlaut: ›Im Jahre 1873, während meiner Grabungsarbeiten in den Ruinen von Troja bei Hissarlik, als ich in der zweiten Schicht den berühmten Schatz des Priamos freilegte, entdeckte ich bei diesem Schatz eine Bronzevase von ungewöhnlicher Form.
Diese Vase enthielt einige Tonscherben, verschiedene kleine Gegenstände aus Metall, Münzen und versteinerte Gegenstände aus Knochen. Mehrere dieser Gegenstände und auch die Bronzevase trugen folgende Inschrift in phönizischen Hieroglyphen: Vom König Kronos von Atlantis.‹
Ein mit dem Buchstaben B versehenes Dokument besagte: ›Im Jahre 1883 sah ich im Louvre-Museum eine Sammlung von Gegenständen, die bei Grabungen in Tiahuanaku in Mittelamerika* gefunden wurden. Ich bemerkte darunter Scherben von Gefäßen, die aus demselben Material und in derselben Art gemacht waren, sowie auch Gegenstände aus versteinerten Knochen wie jene, die ich in der Bronzevase des Priamos-Schatzes gefunden hatte.
Die Ähnlichkeit zwischen den beiden Sammlungen konnte keine zufällige sein. Die Vasen aus Zentralamerika trugen keine phönizischen oder andere Inschriften.
Daraufhin untersuchte ich neuerlich meine eigenen Fundstücke und gelangte zur Überzeugung, daß die von fremder Hand angebrachten Inschriften jüngeren Datums waren als die Gegenstände selbst.
Ich verschaffte mir einige Fragmente von Tiahuanaku und unterzog sie einer chemischen und mikroskopischen Untersuchung. Diese ergab zweifelsfrei, daß die beiden Serien von Töpfereien, die eine aus Zentralamerika und die andere aus Troja, aus derselben Tonsorte hergestellt waren, die es weder im alten Phönizien noch in Mittelamerika gab.
Die Analyse der Gegenstände ergab weiter, daß das Metall aus

* Gemeint ist zweifellos Tiahuanaco in Bolivien.

Platin, Aluminium und Kupfer bestand, einer Legierung, die es sonst nicht unter den alten Funden gibt und die man auch heute nicht mehr kennt.
Ich gelangte zu dem Schluß, daß diese Gegenstände, die in zwei so weit voneinander entfernten Gegenden gefunden wurden, aus demselben Material waren und wahrscheinlich den gleichen Ursprung hatten. Aber die Gegenstände selbst sind weder phönizisch noch mykenisch, noch amerikanisch.
Was soll man von ihnen halten? Soll man annehmen, daß sie einst von einem gemeinsamen Ausgangspunkt an die beiden verschiedenen Orte gelangt sind, an denen man sie gefunden hat? Die Inschrift auf meinen Gegenständen gab Auskunft über diesen Ausgangspunkt: Atlantis.
Diese außergewöhnliche Entdeckung ermutigte mich, meine Forschung mit neuer Kraft fortzusetzen.

Die Papyrusrolle

Im Museum von Petersburg fand ich eine sehr alte Papyrusrolle aus der Zeit des Pharao Sent von der zweiten Dynastie (um 4570 v. Chr.).
Dieser Papyrus berichtet, daß der Pharao eine Expedition in den Westen sandte, um Spuren des Landes zu finden, aus dem 3350 Jahre zuvor die Vorgänger der Ägypter gekommen waren und das Wissen ihres Landes mitgebracht hatten. Sechs Jahre später kehrte die Expedition zurück, ohne das Volk oder Überlebende gefunden zu haben, die Auskunft über das verschwundene Land hätten geben können.
Ein anderes Manuskript aus demselben Museum, das vom ägyptischen Historiker Manethon stammt, gibt für die Herrschaft der Weisen von Atlantis die Dauer von 13 900 Jahren an. Ihr Beginn wird mit den Anfängen der Geschichte Ägyptens gleichgesetzt, die somit an die 16 000 Jahre alt wäre ...
Eine Inschrift, die nahe dem Löwentor von Mykenä gefunden wurde, besagt, daß Misor, von dem die Ägypter abstammten, der Sohn des ägyptischen Gottes Thot war. Dieser wiederum soll der Sohn eines atlantischen Priesters und mit einer Tochter des Königs Kronos verlobt gewesen sein. Er mußte fliehen, und nach langen Wanderungen ließ er sich in Ägypten nieder. Er erbaute den ersten Tempel von Sais und lehrte die Weisheit seiner ursprünglichen Heimat.

Dieser Bericht ist von großer Wichtigkeit, und ich habe ihn geheimgehalten. Er ist in den Papieren unter dem Buchstaben D zu finden.‹

Es sei auch noch das Ende dieses wertvollen Dokuments zitiert:

›Eine Tafel, die ich bei meinen Ausgrabungen in Troja fand, ist eine medizinische Abhandlung eines ägyptischen Priesters über die Heilung von Star und Eingeweidegeschwüren durch chirurgische Eingriffe.

Seit Jahrhunderten gab es einen regen Wissensaustausch zwischen Kreta und Ägypten.

In einem spanischen Manuskript, das in Berlin aufbewahrt wird, habe ich denselben Bericht gefunden, der dem Autor von einem aztekischen Priester in Mexiko vermittelt wurde, der ihn wiederum in einem alten Maya-Manuskript gefunden hatte.

Schließlich muß ich auch noch darauf hinweisen, daß weder die Ägypter noch die Mayas, die vor den Azteken die mittelamerikanische Kultur geschaffen hatten, große Seefahrer waren. Sie haben in ihren Häfen nie Schiffe vor Anker liegen gehabt, die den Atlantik hätten überqueren können.

Wir müssen weiter annehmen, daß selbst die Phönizier nicht das Bindeglied zwischen den beiden Kontinenten gewesen sein konnten. Trotzdem ist die Ähnlichkeit zwischen den Kulturen der Mayas und der Ägypter so groß, daß man sie nicht dem Zufall zuschreiben kann. Solche Zufälle gibt es nicht.

Die einzige vernünftige Erklärung ist, daß es – wie auch die Sage berichtet – einst einen großen Kontinent gab, der die Verbindung zwischen dem, was wir die alte und die neue Welt nennen, herstellte. Es war Atlantis, der Ausgangspunkt von Kolonien in Ägypten und Mittelamerika.‹«

Die Vase mit dem Eulenkopf

Nach diesem Bericht schreibt Dr. Paul Schliemann, daß er den Auftrag seines Großvaters ausführte und Reisen und Forschungen unternahm.

»Zunächst machte ich mich auf die Suche nach der in Paris an einem geheimen Ort aufbewahrten Sammlung.

Die außerordentlich alte Vase mit dem Eulenkopf war ein besonders interessanter Gegenstand, auf dem ich in phönizischer Schrift lesen konnte: Vom König Kronos von Atlantis. Ich zögerte lange, ehe ich sie zerschlug, denn es kam mir in den Sinn, daß mein

Großvater seinen Brief kurz vor seinem Tode geschrieben hatte, zu einem Zeitpunkt also, an dem seine geistigen Fähigkeiten vielleicht schon nachgelassen hatten.
Schließlich zerbrach ich die Vase doch und war keineswegs erstaunt, darin ein viereckiges Täfelchen zu finden. Es war aus weißem Metall, das wie Silber aussah; sonderbare Figuren und Zeichen waren darauf eingraviert, die mit keinen mir bekannten Hieroglyphen oder Schriften verglichen werden konnten. Diese Zeichen befanden sich auf der Vorderseite des Metallstücks. Auf der Rückseite stand auf altphönizisch: Vom Tempel mit den durchsichtigen Mauern.
Wie war das Metallstück in die Vase gelangt? Der Hals war zu eng, als daß es nachträglich hätte hineingegeben werden können. Wenn die Vase aus Atlantis stammte, mußte dies auch für die Tafel gelten. Eine genaue Untersuchung ergab, daß die Buchstaben in phönizischer Schrift aus einer späteren Zeit stammten als die Figuren auf der Vorderseite. Wie konnte dies geschehen? Ich weiß es bis heute nicht.
Ich fand in der Sammlung auch noch andere wichtige Gegenstände, die nach den Notizen meines Großvaters ebenfalls aus Atlantis kamen. Unter ihnen befand sich ein Ring aus demselben sonderbaren Metall wie das Täfelchen und auch ein merkwürdig aussehender Elefant aus versteinertem Knochen, eine ganz offensichtlich sehr alte Vase und noch andere Dinge, die ich hier nicht aufzählen kann.
Überdies fand ich noch eine Kartenskizze, deren sich der ägyptische Seefahrer bediente, als er sich auf die Suche nach Atlantis machte. Über die anderen Dinge darf ich auf Grund der Empfehlungen meines Großvaters nichts sagen. Die Vase mit dem Eulenkopf, die andere altertümliche Vase, die Bronzevase und der Ring tragen dieselbe phönizische Inschrift. Sie fehlt auf dem Elefanten und den anderen Stücken.

Der Oreichalkos der Atlanter

In Ägypten begann ich mit Grabungen um die Ruinen von Sais. Ich arbeitete lange Zeit ohne Erfolg, doch eines Tages begegnete ich einem ägyptischen Jäger, der mir eine Sammlung alter Münzen zeigte, die im Grab eines Priesters der ersten Dynastie gefunden worden war.
Wie groß war mein Erstaunen, als ich in seiner Sammlung zwei

Stücke entdeckte, die von derselben Form und aus demselben Metall waren wie die weißen Münzen aus der trojanischen Vase! War das nicht ein Fortschritt?«
Paul Schliemann setzt seine Nachforschungen an der Westküste Afrikas fort und kehrt nach Paris zurück, um einen Archäologen zu besuchen, dessen Sammlung im Testament seines Großvaters gerühmt wurde. Dieser Archäologe besaß ebenfalls ein Exemplar einer Vase mit Eulenkopf.
»Er war bereit«, schreibt Paul Schliemann weiter, »seine Vase im Interesse meiner Forschungsarbeit zu zerbrechen.
Ich fand darin eine Münze in derselben Größe und aus demselben Metall wie die drei anderen, die ich bereits besaß. Der einzige Unterschied bestand in der Anordnung der Hieroglyphen. Ich hatte also fünf Glieder einer Kette . . .
Anschließend begab ich mich nach Mittelamerika, Mexiko und Peru. Ich habe dort die Totenfelder abgesucht und in den Städten gegraben.
In der Pyramide von Teotihuacan in Mexiko habe ich Münzen aus der geheimnisvollen weißen Legierung gefunden, doch trugen sie andere Inschriften . . .
Und nun komme ich zur Übersetzung eines Maya-Manuskripts, das Bestandteil der berühmten Sammlung Le Plongeon ist: das Troano-Manuskript; man kann es im Britischen Museum sehen. Hier die Übersetzung: ›Im Jahre 6 Kâan, am 11. Muluk des Monats Zak, begannen schreckliche Erdbeben, die ohne Unterbrechung bis zum 13. Chuen dauerten. Die Länder der Berge aus Lehm, oder Land Mu, waren die Opfer.
Nachdem es zweimal aufgehoben wurde, ist Mu in der Nacht versunken, nachdem es ununterbrochen von unterirdischen Vulkanen untergraben worden war. Der Kontinent wurde mehrmals aufgehoben und niedergesenkt.
Schließlich gab die Erde nach, und zehn Nationen wurden ausgerottet und vernichtet. Sie gingen mit ihren 64 Millionen Bewohnern unter, 8 000 Jahre vor der Zeit, da dieses Dokument verfaßt wurde.‹«

Der Stern des Baal

Unter den Originalbüchern des sehr alten buddhistischen Tempels von Lhasa befindet sich ein chaldäisches Manuskript, das ungefähr aus dem Jahre 2000 v. Chr. stammt.

Man liest darin folgendes: »Als der Stern des Baal an jenem Ort niederfiel, an dem es nur mehr Wasser und Himmel gibt, erzitterten die sieben Städte und wankten mit ihren goldenen Türmen und *durchsichtigen Tempeln* wie Blätter in einem Gewittersturm. Riesige Flammen und Rauchschwaden stiegen von den Palästen auf. Die Schreie der Sterbenden und das Jammergeheul der Menge erfüllten die Luft. Das Volk suchte Zuflucht in den Tempeln und Festungen.
Da erhob sich der weise Mu, Hohepriester von Ra-Mu, und sprach: ›Habe ich euch nicht vorausgesagt, was geschieht?‹
Die Männer und Frauen, die ihre kostbarsten Gewänder trugen und über und über mit Edelsteinen geschmückt waren, flehten: ›Mu, rette uns!‹
Mu antwortete: ›Ihr werdet alle sterben, mit euren Sklaven und Schätzen. Aus eurer Asche werden neue Völker erstehen. Wenn diese Völker vergessen, daß sie die materiellen Dinge beherrschen sollen, nicht nur, um dadurch größer zu werden, sondern auch, um dadurch nicht kleiner zu werden, wird sie dasselbe Schicksal ereilen.‹
Die Flammen und der Rauch erstickten dann die Worte von Mu. Das Land und seine Einwohner wurden vernichtet und von den sich auftuenden Abgründen verschlungen.
Welche Bedeutung können diese beiden Berichte haben, von denen der eine in Tibet, der andere in Mittelamerika gefunden wurde, und die beide von ähnlichen Katastrophen berichten, die sich auf das Land Mu beziehen?
Aber wenn ich alles sagen wollte, was ich weiß, gäbe es kein Geheimnis mehr.«

Verbotene Mitteilungen

Dies waren also die wesentlichen Aussagen, die Dr. Paul Schliemann im Jahre 1912 machte. Sein Artikel erweckte zunächst großes Interesse unter den Archäologen, doch aus einem unbekannten Grund blieb er ohne Folgen, und sein Autor war nicht bereit, seinen Veröffentlichungen noch etwas hinzuzufügen.
Was war geschehen? Wollte Paul Schliemann, wie Wilhelm Dörpfeld geschrieben hat, seine Zeitgenossen narren? War er das Opfer eines Minderwertigkeitskomplexes, wollte er sich einen wissenschaftlichen Ruf schaffen, der zu seinem berühmten Namen paßte? Über den Wert der vorgelegten Dokumente kann man nur Ver-

mutungen anstellen. Zwei Indizien würden für eine Fälschung sprechen:

1. Der 6000 Jahre alte Papyrus aus der Regierungszeit des Pharao Sent, der sich um 1893 im Museum von Petersburg befunden haben soll. Es ist kein so alter Papyrus bekannt.
2. Das Manuskript von Manethon im selben Museum. Es ist bekannt, daß Manethon kein Schriftstück seiner »Geschichte Ägyptens«, dem einzigen Werk, das man von ihm kennt (mit Ausnahme der Zitate bei alten Autoren), hinterlassen hat*.

Auch ein anderer Punkt erscheint verdächtig: die Übersetzung des Troano-Manuskripts, dessen Ideogramme und Hieroglyphen die Übersetzer und Entzifferer vor unlösbare Probleme stellten.

Und warum ist Dr. Paul Schliemann so plötzlich von der Bühne abgetreten, bevor noch das Schauspiel richtig begonnen hatte?

Es ist zweifellos so manches an dieser Angelegenheit sonderbar. Ebenso ist es aber unbestritten, daß andere Indizien für die Echtheit der Dokumente und Funde sprechen.

Wenn Paul Schliemann ein Betrüger war, wäre es der Beweis einer unglaublichen Naivität und erbärmlichen Ungeschicklichkeit gewesen, wenn er sich mit einem Strohfeuer begnügt hätte. Was sollte ihm dieser lächerliche Einfall schon bringen? Und dieser ungeschickte Mensch soll einen Text erfunden haben, in dem man zwischen den Zeilen eine tödliche Drohung erkennt, deren sich Heinrich Schliemann deutlich bewußt war? Denn wenn der Entdecker von Troja gewollt hat, daß sein Werk erst nach einem halben Jahrhundert fortgesetzt werden soll, so wohl deshalb, weil er wußte, daß es zu seinen Lebzeiten mächtige, unbezwingbare Feinde gab, die seine Ausgrabungen sabotierten, seine Entdeckungen banalisierten.

Dieser Aspekt des Problems darf nicht außer acht gelassen werden. Außerdem zeugen die – echten oder falschen – Dokumente, die im *New York American* veröffentlicht wurden, von außerordentlicher Sachkundigkeit. Man kann daraus das Vorhandensein einer echten Geheimzentrale in Phönizien herauslesen. Dies wird auch durch Sanchuniathon bestätigt, der ebenfalls in den phönizischen Tempeln eine Geschichte der Welt gefunden hat, die in geheimnisvoller Schrift verfaßt war. Sie erlitt dasselbe Schicksal wie die Dokumente

* M. C. T. Kopheeb, der Direktor des Leningrader Museums, den ich danach fragte, hat versichert, daß die beiden Dokumente in den Sammlungen seines Museums nicht auftreten, daß sie aber vielleicht in der wesentlich bedeutenderen Eremitage zu finden wären.
Ich setze meine Nachforschungen in dieser Richtung fort.

von 1912, das heißt, sie verschwand auf ebenso geheimnisvolle Weise. Was Sanchuniathon geschrieben hat, steht vollkommen in Einklang mit dem, was Heinrich Schliemann geschrieben haben soll. Man könnte fast glauben, daß sich Schliemann von Sanchuniathon inspirieren ließ oder *aus denselben Quellen geschöpft hat.*
Noch ein Wort zu den Fundstücken aus dem unbekannten weißen Metall, das sich aus Platin, Aluminium und Silber zusammensetzte – vielleicht ist es der berühmte Oreichalkos der Atlanter –: Ihre Existenz kann nicht angezweifelt werden, da ein Archäologe (eigentlich ein Amateur), Christos Mavrothalassitis, ihre Gegenstücke in Nordafrika, insbesondere auf der Insel Djerba, gefunden hat.
Schließlich sei auch nicht vergessen, daß die Beziehung zwischen Tiahuanaco, Phönizien und Ägypten vollkommen den neuen Thesen entspricht, wie sie von aufgeschlossenen Archäologen und mir selbst vertreten werden.
Ein letzter Punkt verdient noch unsere Aufmerksamkeit: Heinrich Schliemann, Dr. Paul Schliemann und Christos Mavrothalassitis lassen ihre Entdeckungen in einer einzigartigen Wahrheit kulminierten: Atlantis war die Wiege unserer Kultur.

Christos Mavrothalassitis

Heinrich Schliemann hat an Homer geglaubt und Troja entdeckt. Christos Mavrothalassitis hat seinem Vater, einem Seemann im Mittelmeer, geglaubt. Er besitzt heute eine der schönsten Sammlungen etruskischer Töpfereien, die zum Teil mehr als 3 000 Jahre alt sind, aber auch atlantischer Münzen, die älter als die Sintflut sein sollen.
Vielleicht hat er sogar das alte Poseidonis (die Hauptstadt von Atlantis) wiederentdeckt. Im Jahre 1922 kreuzte das Schiff seines Vaters vor der nordafrikanischen Küste, südlich des Golfs von Gabès. Der Vater von Christos stoppte seinen 280-Tonnen-Dreimaster und unterhielt sich lange mit seinen Leuten, die Taucher waren wie er. Christos war damals 12 Jahre alt. Er hörte seinen Vater von Platon sprechen, von einer versunkenen Stadt, die er senkrecht unter dem Schiff entdeckt hatte.
Der alte Seemann versicherte mit Nachdruck: »Hier liegt Poseidonis!«
25 Jahre lang hat Christos das Mittelmeer durchpflügt. Er kennt es so gut wie bald kein zweiter. Immer richtete sich seine Neugierde

auf alles, was mit dem von Platon beschriebenen, sagenhaften Kontinent zusammenhängen konnte.
Im Jahre 1947 fand er ein altes Dokument, auf dem die Insel Djerba Teil des afrikanischen Festlandes, aber von einem Kanal umgeben war, der sich in der Wüste verlor. Christos erinnerte sich dabei daran, daß sein Vater behauptet hatte, Djerba wäre der Endpunkt des Weges von Atlantis zum Mittelmeer gewesen, das damals bei den Säulen des Herkules (Gibraltar) noch geschlossen war.
Der großartige Zufall, der Heinrich Schliemann auf die Spur der Atlanter und ihrer Oreichalkos-Münzen gebracht hatte, wiederholte sich für den Taucher-Archäologen von der Insel Djerba. Eines Tages schloß ihn ein alter Berber ins Herz und verriet ihm eine Stelle, an der sich der Friedhof »der ersten Ahnen unserer Rasse« befand.
Der Ort lag in Tripolitanien; die Angaben waren sehr genau und auf einem Plan eingezeichnet; nach einer achtundvierzigstündigen Seereise gelangte Christos an die Stelle. Er fand die vom Berber beschriebenen Orientierungspunkte und begann im Sand zu graben. Zwei Tage später entdeckte er Gräber, in denen sich Töpfereien befanden, die wie jene von Tiahuanaco und aus der Sammlung Schliemanns aussahen. Außer diesen Töpfereien fand Christos noch Gegenstände von wesentlich größerem Wert: weiße Stücke aus einem unbekannten Metall. Das Wunder von Troja wiederholte sich, als hätte das Schicksal beschlossen, Christos zum Nachfolger und geistigen Erben von Heinrich Schliemann zu machen.
Als der alte Berber vom glücklichen Ausgang der Expedition erfuhr und seinen Anteil an Metallstücken und Töpfereien erhalten hatte, bezeichnete er Christos die Lage von anderen atlantischen Gräbern und Tempeln. Christos war es damit gelungen, genügend Informationen zu sammeln, um die vorsintflutliche Geschichte des ganzen Mittelmeerraums zu rekonstruieren.
Obwohl ich mit ihm gut befreundet bin, konnte er mir nicht das ganze Geheimnis mitteilen, das ihm der Eremit aus der Wüste anvertraut hat. Immerhin weiß ich aber, daß sich die Nekropole der Atlanter in Tripolitanien befindet. Hier hat Christos die Töpfereien und weißen Metallstücke gefunden. Derzeit sind alle diese Gegenstände in einer Bank von Marseille in Verwahrung.
Er hat aber auch in Bengasi (Libyen), Ägypten und auf der Insel Djerba erfolgreiche Grabungen durchgeführt.
»Die Dokumente, die ich in Marseille aufbewahre«, sagte er, »haben mir wesentliche Kenntnisse vermittelt. So weiß ich zum

Beispiel, daß das Wasser des Mittelmeeres nach der Sintflut um 42,30 m angestiegen ist. Ich kenne den genauen Verlauf des Seewegs der Atlanter, der – durch Afrika verlaufend – den Atlantik mit dem Mittelmeer verband. Ich besitze eine geographische Karte von Atlantis, und diese Karte stammt aus der Zeit der Atlanter.«
Voll Staunen fragte ich meinen Freund: »Sie wollen behaupten, daß Sie schriftliche Dokumente besitzen, die 12 000 Jahre alt sind?«
Christos bejahte und sagte mit einem Augenzwinkern: »Sie haben sie doch gesehen, diese Dokumente: meine Stücke aus Oreichalkos!«
Richtig! Diese Stücke von größtem Seltenheitswert sind richtige gravierte Dokumente, die Szenen aus dem Leben der Atlanter, die Geschichte der alten Welt sozusagen, darstellen. Sie haben natürlich durch das lange Liegen im Wüstensand gelitten, aber sie sind nicht oxydiert. Die Oberfläche ist undeutlich geworden, und man kann die Details nur mit einer Lupe erkennen.
Eines dieser Stücke stellt Pferde dar, und es ist bekannt, daß diese Tiere von den Atlantern und ihren letzten Überlebenden, den Kelten, verehrt wurden. Auf einem *hufeisenförmigen* Metallstück sieht man sogar deutlich den Kopf des Tieres mit Zaum und Mundstück: Diese Tatsache wirft unsere bisherigen Kenntnisse zu diesem Thema über den Haufen.
Auf anderen Stücken hat mein Freund Christos phantastische Zeichnungen erkannt, die mit der Atomenergie und der Eroberung des Weltalls in Zusammenhang stehen. So zeigt eines der Plättchen, das von seiner Enkelin Helena auf der Insel Djerba gefunden wurde, auf der Vorderseite eine richtige Rakete mit sich verbreiternder Basis und einer Art Radar an der Spitze. Auf der Rückseite sieht man die Kabine eines Astronauten mit zwei Antennen. Der Kopf des Raumfahrers ist im Inneren der Raumkapsel deutlich zu erkennen.
Da Christos Mavrothalassitis ein Buch über *Atlantis nach den Bildern der Atlanter* vorbereitet, kann ich sein Thema nicht vorwegnehmen. So viel dürfte aber feststehen: Der Archäologe von Djerba hat ein großes Rätsel erhellt. Seine Stücke aus weißem, rostfreiem Metall – mit großer Wahrscheinlichkeit ist es der Oreichalkos der Atlanter – erzählen die Geschichte einer Zivilisation, die das Pferd, Zaum und Mundstück und auch Geräte gekannt hat, die wie unsere Raumraketen aussehen. Diese Zivilisation hatte sich in einem riesigen Land entfaltet, das auf dem Gebiet des heutigen Atlantik, zwischen Afrika, Europa und Amerika, gelegen war.

Gewiß, mein Freund Christos konnte sich bei seiner Interpretation irren, doch kann er Zeugnisse vorlegen, die seine These durch ihre Aussagekraft stützen. Auf einem Fundstück ist das geographische Aussehen von Atlantis mit zwei Metallen dargestellt: das Meer ist weiß, der Kontinent kupferrot.

Die konventionellen französischen Archäologen interessieren sich nicht für die Entdeckungen von Christos. Dagegen bedrängen ihn deutsche Archäologen, ihnen seine kostbare Sammlung zu verkaufen, so wie die Amerikaner Emile Fradin drängen, ihnen die noch wertvolleren Sammlungen des Museums von Glozel gegen enorme Dollarbeträge zu überlassen. Wie lange werden Christos Mavrothalassitis und Emile Fradin der Versuchung standhalten?

Der Schatz der Atlanter befindet sich in Marseille an einem sicheren Ort. Er könnte Gegenstand einer wunderbaren Ausstellung sein, doch Christos, der hundertmal sein Leben riskiert hat, um die Sammlung zusammenzustellen, hat Angst. Angst, bestohlen, beschimpft, vielleicht sogar getötet zu werden.

11 Wir sind außerirdischer Herkunft

Am 1. Jänner 1968 hätten wir endlich über das Geheimnis der nicht identifizierten Flugobjekte, die unsere Atmosphäre verunsichern, aufgeklärt werden sollen. Präsident Johnson hatte nämlich unter dem Druck der öffentlichen Meinung 1,5 Millionen Francs freigegeben, um einen Atomisten, Professor Edward Comdon, sowie Experten und Psychiater auf die Jagd nach den fliegenden Untertassen zu schicken.
Haben wir seither etwas von konkreten Ergebnissen gehört? Nein! Es war auch vorauszusehen, daß die amerikanische Antwort niemanden zufriedenstellen würde. Man sieht etwas am Himmel, gewiß, doch kann man nicht sagen, was. Solche Wahrnehmungen sind geeignet, die Phantasie anzuregen, Phantasmagorien zu erzeugen und die Authentizität des Phänomens zu diskreditieren.
A priori ist es unvorstellbar, daß wesentlich höher entwickelte Kulturen nichts anderes zu tun haben, als mit unseren biederen Flurhütern Verstecken zu spielen. Wenn eine Verbindung zwischen Planeten hergestellt würde, müßte sie einen vernünftigen, wissenschaftlichen Charakter haben und nicht lächerlich sein – außer wir nennen das lächerlich, was wir nicht erfassen können.

Suggestiv-Kommandos

Unter den zahlreichen Hypothesen, die über die sogenannten UFOs formuliert werden können, erscheint mir folgende recht interessant: Was wir sehen, könnten Suggestiv-Kommandos sein, die uns auf eine mehr oder weniger imminente Ankunft außerirdischer Wesen vorbereiten sollen.
Es mag dagegen eingewendet werden, daß die Vorbereitung von überaus langer Dauer ist, denn sie hat schon vor Jahrhunderten begonnen. Doch was gilt schon dieser Einwand, wenn es sich nicht um unsere Erdenzeit, sondern um eine möglicherweise völlig verschiedene Sternenzeit handelt?
Angenommen, eine Eintagsfliege verfügt über ein entwickeltes Bewußtsein; wie mitleidig muß sie einen eifrigen Entomologen betrachten, der einen ganzen Tag lang, also die Hälfte ihres Lebens, nichts Besseres zu tun hat, als sie unter seinem Mikroskop zu studieren!
Man darf aber auch einen anderen Aspekt des Problems nicht

außer acht lassen: Eine Reise – selbst mit Überlichtgeschwindigkeit – zwischen zwei Milliarden Lichtjahre voneinander entfernten Planeten ist ein großes Abenteuer, das unendlich kostspielig und unsicher ist und nur eine unendlich kleine Chance auf Erfolg besitzt. In diesem Fall könnte der Kontakt aus Gründen, die uns nicht bekannt sind, auf der Höhe unserer Atmosphäre oder vielleicht sogar unserer Erdoberfläche abbrechen.

Gewisse Kommentatoren versteigen sich zur Behauptung, daß die Extraterrestrischen unter uns sind, aber in einer multidimensionalen Welt leben, die nie mit unserer dreidimensionalen übereinstimmt. Sie wären also unsichtbar, außerhalb der Wahrnehmungsmöglichkeiten unserer Sinne und doch allgegenwärtig und in der Lage, uns beispielsweise durch Suggestion zu helfen, indem sie die Forschungen der Wissenschaftler lenken und die Künstler und Schriftsteller inspirieren.

Obwohl dazu in der Lage, hätten sie nur wenig Lust, sich in unsere weniger entwickelte Welt einzugliedern, und würden uns nur als Hersteller gewisser Energieformen benützen, die für ihr Fortbestehen notwendig sind, und zwar so lange, bis unser intellektuelles Niveau das ihre erreicht hat.

Erklärt sich so, daß sie von den alten Völkern Wächter, Wachsame, Große Lehrmeister genannt wurden? Befinden wir uns noch im Stadium des Schlafes oder der Suggestion von außen, wie es manche Philosophen behaupten?

Wenn die Wahrheit über die außerirdischen Wesen so oder ähnlich aussieht, wird Art und Bedeutung des gegenwärtig beobachteten Phänomens schwer verständlich. Wozu dann die Lichtscheine, die wandernden Lichter am Himmel und – vielleicht – die Landungen, wenn die Besucher aus dem All nur im Unsichtbaren agieren? Einst, als sie auf die Erde kamen, erschienen sie nicht als ängstliche, widerspenstige, den geringsten Lufthauch scheuende Wesen. Ganz im Gegenteil: Ihr aufsehenerregender Auftritt unter den Menschen bedeutete für diese auch die Begegnung mit wesentlichen Elementen der Wissenschaft und Kultur.

Die Menschen des 20. Jahrhunderts sind schon so verwirrt, daß sie nicht mehr wissen, von welcher Seite sie dieses verworrene Abenteuer anpacken sollen, in dem sich ehrliche und haarsträubende Zeugnisse vermischen.

Allerdings bildet unsere Zeit hierin keine Ausnahme. Zahlreiche Völker erlebten diese Unsicherheit zuvor. Vor 12 000 und vor 5 000 Jahren sind Astronauten auf die Erde gekommen; darüber besteht kein Zweifel. Aber seit 3 000 Jahren haben die Flugobjekte

nicht aufgehört, in geheimnisvoller Weise am nächtlichen Himmel herumzugeistern. Manche sind heimlich gelandet, andere, die berühmten Wolken, haben, ohne zu landen, eine bedeutende Rolle gespielt, doch kein Extraterrestrischer scheint das Bedürfnis gehabt zu haben, seine Existenz in unserer Mitte öffentlich kundzutun.
Da wir vor demselben Problem stehen wie unsere Ahnen, kann vielleicht das Studium der UFOs der Antike ein wenig Ordnung in unsere Verwirrung bringen.

Der Papyrus Tulli

In den Akten des verstorbenen Professors Alberto Tulli, ehemals Direktor des ägyptologischen Museums des Vatikans, fand sein Bruder, Monsignore Gustavo, einen schlechterhaltenen Papyrus, der aus dem Mittleren Reich stammte. Er gab ihn dem Prinzen Boris von Racheweltz, einem bedeutenden Ägyptologen, mit der Bitte, ihn zu übersetzen. Trotz vieler Lücken ergab sich ein interessanter Bericht:
»... Im Laufe des dritten Monats im Winter des Jahres 22, zur sechsten Stunde des Tages, sahen die Schriftgelehrten vom *Haus des Lebens* am Himmel einen Feuerkreis. (Obwohl) er keinen Kopf hatte, war der Atem seines Rachens übelriechend. Sein Körper hatte die Länge und Dicke eines Stocks, und er hatte keine Stimme. Die Herzen der Schriftgelehrten waren mit Furcht und Verwirrung erfüllt, sie warfen sich flach auf den Boden ... (Lücken) ... Sie erstatteten dem Pharao einen Bericht. Seine Majestät befahl ... (Lücken) ... Ist untersucht worden ... (Lücken) ... Und er überdachte, was geschehen war und im Haus des Lebens auf Papyrus aufgeschrieben wurde. Nachdem einige Tage vergangen waren, wurden diese Dinge (Feuerringe) zahlreicher denn je am Himmel. Sie glänzten stärker als die Strahlen der Sonne, und sie breiteten sich bis zu den Grenzen der vier Pfeiler des Himmels aus ... (Lücken) ...
Allmächtig war die Position dieser Feuerkreise am Himmel. Der Pharao betrachtete sie inmitten seines Heeres. Es war nach dem Mahl. Dann stiegen die Feuerkreise höher gen Himmel in Richtung Süden. (Dann) fielen Fische und Vögel vom Himmel. Es war ein Wunder, das seit Gründung dieses Landes (Ägypten) unbekannt war. Und der Pharao ließ Weihrauch bringen, um den Frieden auf der Erde wiederherzustellen ... (Lücken) ... Und der Pharao befahl, was geschehen war, in den Annalen des Hauses aufzu-

schreiben . . . (Lücken) . . ., damit man sich immer daran erinnere.«
Es ist möglich, daß man mir vorwirft, die Zeugnisse der Vergangenheit höher einzuschätzen als jene unseres Jahrhunderts. Zugegeben, aber scheint nicht die Authentizität einer Begebenheit weit eher gewährleistet, wenn sie durch das Edikt eines Pharaos bestätigt ist oder wenn im Anschluß daran ein Gott auftritt, als wenn es sich um anonyme Extraplanetarier handelt, die in einem Kartoffelfeld landen?

Leuchtende Balken und fliegende Menschen

Plinius der Ältere spricht in seiner *Historia Naturalis* (Buch II) von »drei Monden«, die unter dem Konsulat von Domitius und Faunius auftauchten, von »nächtlichen Sonnen«, »brennenden Schilden« und »Sternen, die nach allen Seiten ziehen, nicht ohne heftige atmosphärische Störungen zu bewirken«.
Er erwähnt auch die »leuchtenden Balken«, die anläßlich der Seeschlacht zu sehen waren, die die Lazedämonier um die Herrschaft Griechenlands brachte. Es ist nicht ausgeschlossen, daß diese fliegenden Apparate zugunsten des einen Lagers eingegriffen haben; wie oft hat auch die »Wolke« des Herrn den Hebräern Sieg oder Glück gebracht!
Andere Berichte sind viel umstrittener. Die Überlieferungen der Indianer in Minnesota und Kanada, gesammelt von George Hunt Williams, besagen, daß vor der Ankunft der Europäer stille Wagen mit runder Form auf ihren Seen gelandet sind. Beim Eintreffen der Eroberer verschwanden die Flieger mit ihren Maschinen, versicherten jedoch, daß sie wiederkommen würden. Diese Flieger haben sich oder die naiven Indianer getäuscht, denn sie haben seit dem 16. Jahrhundert kein Lebenszeichen mehr von sich gegeben.
Wir besitzen in Europa keine Dokumente über das Flugwesen der vorgeschichtlichen Zeiten, zumindest keine aus der Zeit vor dem 18. Jahrhundert. Dagegen wissen wir, daß diese Dokumente in Asien nicht selten sind und daß sie in Zentralamerika in großer Zahl existieren.
Stellt doch die Steinplatte von Palenque tatsächlich eine Rakete mit Rückstoßantrieb dar! Man muß schon die Augen eines ungläubigen Thomas haben, um das nicht zuzugeben, und auch um zu leugnen, daß in den Kodizes und Manuskripten der Mayas Düsen und Flugmaschinen deutlich zu erkennen sind. Diese unbezweifelbaren Beweise eines Zusammenhangs zwischen den Interplanetarreisen

und der alten mexikanischen Kultur verleihen den amerikanischen Legenden eine gewisse Glaubwürdigkeit.

Oberst A. Braghine, der Verfasser einer hervorragenden Studie über Atlantis *(L'enigme de l'Atlantide* – Das Rätsel von Atlantis), schreibt: »Ich habe im Staat San Salvador, in Mittelamerika, in einer privaten Sammlung eine Tontafel gesehen. Sie war mit Zeichnungen verziert, welche Menschen darstellen, die über Palmen flogen, in sonderbaren Maschinen, aus denen Flammen und Rauch kamen.

Wenn diese Zeichnungen nicht nur die Illustrationen einer lokalen Legende sind, muß man annehmen, daß eine unbekannte Rasse im prähistorischen Amerika den ersten Flugversuchen der Menschheit beigewohnt hat...

Eine bekannte Amerikanistin, Mrs. Osborne, ist der Meinung, daß diese Tafel sehr alt ist...«

Sonderbare Begriffe: Nimbus und nephilim

Einer meiner Korrespondenten und Freunde, André Castou, hat mich in einem Gespräch über Nimbus und Heiligenschein zu einer außergewöhnlichen Betrachtungsweise der frühesten Vergangenheit der Hebräer geführt.

Im Wörterbuch steht als Definition von *Nimbus:* »vom lat. nimbus = Wolke, griech. = nephele; Lichtkranz, mit dem Maler und Bildhauer die Köpfe von Heiligen und göttlichen Personen umgeben.« Betrachtet man eine solche Darstellung, würde auch eine andere Definition entsprechen: Nimbus = fliegende Untertasse, mit der Maler und Bildhauer die Köpfe von Heiligen und göttlichen Personen umgeben als Zeichen ihres Kommens aus dem All. Dieser Erklärung ist nichts entgegenzusetzen. Doch sehen wir weiter: Nimbus kommt vom griechischen Wort *nephos, nephele* und vom Sanskrit-Wort *nabha.* Im Sprachvergleich hat auch die »Wolke« dieselbe Wurzel, jenes nicht identifizierte Flugobjekt, das die Hebräer führte und immer dann vorhanden war, wenn Gott seine Anwesenheit zeigte.

Der Nimbus, die Wolke ist auch jene »Wolke der Götter«, der Wagen, der sie von der Erde zum Himmel führte, sowohl in den Wedas und im Awesta als auch in den Maya-Manuskripten. Apollo wurde mit einem Nimbus dargestellt. Und – welch kuriose Übereinstimmung: Die modernen Astronauten werden in den Kinderbüchern und -zeitschriften mit einem »Nimbus« gezeichnet, näm-

lich dem Helm aus Plexiglas. Ist es eine Vorahnung oder eine Allegorie?
Die Übereinstimmungen verstärken sich noch bei den sonderbaren *nephilim* der Bibel; auch dieses Wort kommt vom griechischen *nephele.*
In der Bibel wird *nephilim* mit »Riesen« übersetzt. Die Genesis sagt in Kapitel VI, Vers 4: »Die Riesen (nephilim) lebten auf Erden zu jener Zeit, als die Gotteskinder Menschentöchter heirateten und diese ihnen Kinder schenkten. Das sind die Recken der Vorzeit, die hochberühmten.«
Wir verstehen genau: Die *nephilim* zeugten mit den schönen Töchtern Armeniens, des Iran, des Kaukasus, der Rocky Mountains und der Anden Kinder, die stärker und intelligenter als die gewöhnlichen Erdenkinder waren.
Leider ist die Übersetzung des Wortes *nephilim* mit »Riesen« mehr als ungenau. Nach dem Bibelforscher Vaschalde bedeutet *nephilim* Riese oder wunderbares Wesen, wörtlich: Wundertäter. Und diese *nephilim* sind wohl vor 5 000 Jahren, zur Zeit des phönizischen Baal, auf die Erde gekommen, da Moses den Hebräern ihretwegen eine Strafpredigt gehalten hat (Deuteronomium, Kap. XXXII):

16. Durch fremde Götter reizt' es (das Volk) ihn,
    Durch Greuel hat es ihn gekränkt.
17. Sie opferten Dämonen, doch nicht Gott,
    Den Göttern, die sie nie gekannt,
    Ganz neuen, *die erst aufgekommen,*
    Die eure Väter noch nicht kannten.

Man versteht den Zorn des guten Moses: Er muß die Identität der alten Götter, der *nephilim,* von einem anderen Planeten verschleiern, um den einzigen, unkennbaren, abstrakten Gott verehren zu lassen, und da platzten Baal und Astarte herein! Die Hebräer wie auch die anderen Völker Kleinasiens sind beeindruckt von der Ankunft außerirdischer Initiatoren und verehren sie. Sie bringen ihre Opfer *den neu angekommenen Göttern,* die ihre Väter natürlich nicht verehrt hatten. Diese Neuankömmlinge sind übrigens auch *nephilim,* glänzende Wundertäter, aber sie sind »neu«. Darin liegt des Rätsels Lösung! Wozu neue Götter verehren, wenn man einen guten alten hat?

Schließlich bekehrten sich die Hebräer doch zum einzigen Gott, den ihnen Moses aufzwang. Deshalb bekämpften sie mit allen Mitteln die neuen Götter und ihre Anhänger, an deren erster Stelle Azazel und die Philister standen.
Sie wurden in der Bibel als Helfershelfer des Teufels abgestempelt, was die sicherste Methode war, sie in Mißkredit zu bringen.
Ihre wahre Identität wird im Buch Henoch angegeben (Kap. VII, Vers 9): »Dies sind die Namen ihrer Anführer: Samyaza ... Urakabarameel, Akibeel, Tamiel, Ramuel, Daviel, Azkeel ... Azazel, Arazeal.«
Die außerirdischen Wesen wohnten den schönen Erdentöchtern bei und lehrten sie die Zauberei und Beschwörungen. Kap. VIII, Vers 1: »Azazel lehrte die Menschen auch, Schwerter, Messer, Schilde, Panzer, Spiegel anzufertigen ...«
Azazel war also der wichtigste Initiator der Menschen, aber er war auch ein großer Verführer; er war es, der die Frauen zu Eitelkeit und Ehebruch verleitete. Die Hebräer sehen in ihm zu Recht oder zu Unrecht den Verantwortlichen für den Sittenverfall und die Sintflut.
Um den alleinigen Gott zu installieren, mußte dieser Störenfried ausgeschaltet werden. Die Hebräer hatten bei ihrem Vorgehen aber doch einige Skrupel, weshalb beim Versöhnungsfest Azazel ein Bock geopfert wurde.
Wenn auch die Hebräer gute Gründe hatten, dem Astronauten-Engel seinen göttlichen Nimbus zu nehmen, so taten sie unrecht, ihn aus der Geschichte der Kultur zu löschen. Dies trug ihnen für Jahrtausende einen Schuldkomplex ein, und insgeheim ließen sie auch weiterhin dem Verstoßenen eine gewisse Verehrung zuteil werden.
Es ist wichtig festzuhalten, daß Azazel der Name dessen ist, den die Hebräer um Vergebung ihrer Sünden baten. In der Thora heißt es, daß der Sündenbock *an* Azazel gesandt wird. Doch das hebräische Wort für *an* bedeutet auch *für,* was auf den wahren Sinn der Zeremonie hinweist. Es war also eine echte Sühne, die Anerkennung einer Schuld.

Die Philister und Baal

Andere Feinde der Hebräer waren die Philister sowie Baal und Istar, die Götter Phöniziens und Assyro-Babyloniens.
Nach den Enzyklopädisten »sind die Philister in der Bibel schlecht weggekommen, was sich ganz natürlich dadurch erklärt, daß sie sich voll Mut den Unternehmungen der Hebräer entgegenstellten; in den Augen von Eroberern ist nichts hassenswerter als ein tapferes Volk, das sich der Knechtschaft widersetzt«.
Die Philister waren wie die Hebräer arischen Ursprungs durch ihre Abstammung von den Pelasgern. Aber sie fuhren fort, die Götter ihrer Ahnen zu verehren, eben jene, die zugunsten des alleinigen Gottes abgeschafft werden mußten.
Die Hebräer gingen auf die gleiche Weise wie gegen Azazel vor; die feindlichen Götter wurden aller erdenklichen Verbrechen beschuldigt: Dagon, Baal, Moloch und andere. Daraus erklärt sich auch der unauslöschliche Haß in der Bibel gegenüber dem »Stern«, der bei den Völkern Kleinasiens nie die Sonne war, sondern der Stern schlechthin, die Venus.

Wir sind außerirdischer Herkunft

Wir wissen, daß der Planet Venus die ursprüngliche Heimat der Astronauten des Jahres 5 000 war. Aber woher kam das erste Kommando, jenes von Azazel? Woher stammten die vorsintflutlichen Menschen, die Atlantis und Mu gründeten? Stammten sie von Affen ab, wie es die Prähistoriker gerne glauben machen möchten? Leider ist es ihnen noch nicht gelungen, ein Bindeglied zwischen dem Menschen und seinem angeblichen tierischen Ahnherrn aufzudecken. Wenn sie es gefunden hätten, wüßte man es, und die Museen würden es sich angelegen sein lassen, die Beweise auszustellen.
Dagegen gibt es genügend Beweise, die eine Verbindung zwischen den meisten Tieren und ihren Vorstufen herstellen: Krokodil – Schlange, Schlange – Fisch, Schwamm – Pflanze ... Aber für den Menschen: nichts! Oder besser gesagt: doch. Die Prähistoriker können Bindeglieder zeigen, fast die einzig authentischen: aus relativ junger Vergangenheit stammende *Schädel von Menschen, die intelligenter waren als wir,* da ihr Schädelinhalt mit 1 600 cm^3 größer war als unserer, der im Durchschnitt nur 1 550 cm^3 beträgt. Logisch muß man daraus ableiten:

1. daß wir keine bekannten tierischen Ahnen haben;
2. daß der gegenwärtige Menschentypus von einem höherentwickelten Menschen abzustammen scheint.

Außerdem übersteigt das Alter der Welt unsere Vorstellungskraft. Wenn sich auf Erden keine fossilen Menschen finden, muß man annehmen, daß es sie anderswo gibt. Vor einigen Jahrhunderten hätte mich eine so häretische Behauptung noch auf den Scheiterhaufen gebracht.

Doch die ältesten arischen Überlieferungen sagen es hundertmal: Die Menschen kommen von einem anderen Planeten. Dies bedeutet nichts anderes, als daß Kelten, Inder, Skandinavier, Hebräer, Germanen, Griechen, Ägypter, Araber und wie sie alle heißen, Nachkommen außerirdischer Menschen sind. Sanchuniathon hat geschrieben: »Die Götter unserer Ahnen waren *Sterbliche,* Menschen.« Die ältesten bekannten Götter sind der Aryaman der Wedas und der Airyaman des Awesta.

Leben auf der Venus möglich

Seit einiger Zeit sind die Astrophysiker nicht mehr sicher, daß der Planet Venus unbewohnt ist. Dem sowjetischen Professor Alexander Lebedinsky zufolge liegt die Temperatur auf der Oberfläche dieses Planeten bei 50 Grad Celsius, obwohl die Messungen der radio-elektrischen Strahlung 300 bis 400 Grad angeben.

Man kann ähnliches auf der relativ kalten Oberfläche der Gasröhren beobachten, die für Lichtreklamen verwendet werden: Die radio-elektrische Strahlung dieser Röhren entspricht mehreren tausend Grad Celsius.

Der sowjetische Professor nimmt an, daß in den oberen Schichten der Venusatmosphäre latente elektrische Phänomene existieren, die jenen der Neonröhren ähneln. Sie sollen auf die langsame Drehung des Planeten (eine Umdrehung um die eigene Achse in 247 Tagen) zurückzuführen sein. Auf der Erde ist die Drehbewegung rascher, wodurch die elektrischen Phänomene der Atmosphäre aufgelöst werden und Gewittercharakter annehmen.

Die Physiker William Plummer und John Strong glauben, daß es auf der Venus weite Zonen gibt, in denen eine erträgliche Temperatur herrscht, die dem Menschen Lebensmöglichkeiten bieten würde. Diese Regionen sollen sogar größer sein als auf der Erde. Außerdem darf man nicht vergessen, daß die klimatischen Bedingungen auf der Venus vor 5 000 Jahren oder einige Jahrhunderte

nach ihrer Stabilisierung im Sonnensystem vielleicht günstiger waren als heute.
Auf jeden Fall würde es von großer Willkür zeugen, jenen Indizien keinen Glauben zu schenken, die die Venus zum Ausgangspunkt der antiken Astronauten stempeln. Die Phönizier, die Assyro-Babylonier, die Mayas und die Inkas konnten sich nicht untereinander absprechen, um die gleiche Lüge zu verbreiten.

Die Extraterrestrischen: körperlose Gehirne ...

Am 8. April 1960 wurde in den Vereinigten Staaten das Projekt OZMA gestartet, dessen Ziel es ist, Radiowellen wissenschaftlich zu untersuchen, die von eventuellen Kulturen des Kosmos in den Raum gesandt werden.
Der chinesische Professor Huang, der den amerikanischen Astronomen wohlbekannt ist, nimmt an, daß es wahrscheinlich Tausende von Planeten gibt, auf denen außerirdische Wesen leben.
Doktor Freeman Dyson, Physiker am Institut für Fortgeschrittene Studien an der Universität von Princeton, stellt die Hypothese auf, daß Astronauten für ihre langen Interstellarflüge in eine Art Winterschlaf versetzt werden müssen.
Der Astronom Ronald Bracewell hat noch abenteuerlichere Ideen: Er meint, daß Völker aus dem All eine Rasse schaffen konnten, die für ihre Mission als Pioniere des Kosmos geeignet war: eine Rasse von »Raumbotschaftern«, eine Art Gehirne ohne Körper, deren Aufgabe darin bestünde, soviel Informationen als möglich über außer-galaktische Zivilisationen zu sammeln.
»Der Besitz eines Raumschiffs von einem anderen Planeten wäre von eminenter Bedeutung«, erklärt Major Hector Quintanella vom Luftstützpunkt Wright Patterson (Ohio). Um die Landung außerirdischer Besucher zu erleichtern, hat die Stadt Cocox Beach in Florida eine 90 m breite und 300 m lange Landebahn angelegt.

Fliegende Untertassen nach Wunsch

Trotz ihrer großangelegten Forschungen glauben die Amerikaner nicht an die fliegenden Untertassen. Zwölf Wissenschaftler haben 750 Beobachtungen untersucht und im Labor jene Lichtscheine rekonstruiert, die für UFOs gehalten worden sind. Dies wird zumindest von ihnen behauptet.

Es sollen Fälle von Refraktion, Reflexion oder Inversion gewesen sein. Bei den beiden erstgenannten Phänomenen gibt eine Kaltluftschicht die Lichtstrahlen eines Sterns zur Erde weiter. Bei der Inversion ist eine Warmluftschicht zwischen zwei Kaltluftschichten gelagert, die wie eine Glasfläche wirken.
Im Labor können die Physiker der Universität von Raleigh (North Carolina) fliegende Untertassen nach Wunsch herstellen, die sich in Gruppen oder isoliert bewegen, ihre Richtung, Geschwindigkeit und Form verändern. Diese Experimente sind von großem Interesse, auch wenn sie nur die Mehrheit der Lichterscheinungen erklären, nicht aber alle. Es ist klar, daß der Himmel ein Ort ist, an dem sonderbare, aber durchaus natürliche Erscheinungen in großer Zahl vorkommen.
Am 15. August 1854 stand die kleine polnische Stadt Jaroslau ganz im Zeichen einer solchen Erscheinung, wie es folgende Zeitungsmeldung beweist: »Der aufgehende Mond neigte sich einmal nach rechts, dann wieder nach links, und er schaukelte weiter, immer heftiger, während er am Himmel aufstieg. Plötzlich fiel er mit ungeheurer Geschwindigkeit bis zum Horizont herab, um bald mit derselben Geschwindigkeit wieder bis zur zuvor erreichten Höhe aufzusteigen.«
Höchstwahrscheinlich handelte es sich dabei um ein Abweichen des Lichtes des Gestirns, ein Phänomen, das den Astronomen wohlbekannt ist. So würde auch – wenn es sich nicht in diesem Fall um eine Halluzination gehandelt hat – das berühmte »Sonnenwunder« von Fatima eine Erklärung finden.
Es steht aber doch fest, daß die UFOs nicht immer elektrische Spielereien oder Visionen mehr oder weniger normaler Beobachter sind. Es ist bedauerlich, daß sich nur wenige Personen ernsthaft mit dem Rätsel auseinandersetzen. Es wäre ein leichtes, über den ganzen Erdball ein Relaissystem für astronomische Beobachtungen zu errichten, woran aber bisher noch niemand gedacht hat. Auch die Untertassenfanatiker führen nur unzusammenhängende Nachforschungen durch und nehmen die verrücktesten Berichte für bare Münze.
Die Marsianer haben eine dunkle Hautfarbe, blaue Augen und sind tausendmal höher entwickelt als wir, versichert eine einfache Frau, die zweifellos ihre Elementarschule nicht abgeschlossen hat ... 10 000 Broschüren mit »Geheimnissen« über die fliegenden Untertassen sind nach Aussage gewisser Zeitungen in den USA vernichtet worden ... In São Paolo erhält ein friedlicher Fischer von einem Marsbewohner eine Visitenkarte aus einem unbekannten Metall

überreicht ... In Mexiko sehen die Menschen zu jeder Tageszeit »plativolitis« am Himmel kreisen ...
Wie soll man solche Dummheiten glauben? Meiner Ansicht nach wird es versäumt, den zahlreichen Zeugen der Landung von Marsianern oder »kleinen grünen Männchen« die unglaublich wichtige Frage zu stellen, welche Art von Nahrungsmitteln sie in der Zeit vor dem Zusammentreffen zu sich genommen haben. Es gibt so viele halluzinogene Drogen, daß manche Vision rasch erklärt werden könnte. Außer dem Alkohol, dem Wein, können eine Vielzahl von Pilzen, Kräutertees und an sich unverdächtige chemische Verbindungen Halluzinationen hervorrufen. Es gibt einfach zu viele Leute, die fliegende Untertassen, Elfen, die Heilige Jungfrau, Christus und Gott in höchsteigener Person sehen!

Die Himmelsschrift

Seit grauer Vorzeit haben die Menschen behauptet, Zeichen am Himmel lesen zu können.
In einem alten Buch mit dem Titel *Lecture des Estoilles et de tout ce qui est en l'air* (Entziffern der Sterne und all dessen, was in der Luft ist) präsentiert der Chronist Jacques Gaffarel eine amüsante These.
»Ob man etwas in den Wolken und in den übrigen Meteoren lesen kann.
Erstens setzt Lesen sichtbare Zeichen voraus, seien es Buchstaben, Charaktere, Zeichen, Ziffern, Stäbe, Fackeln, Pfeile oder Wurfspieße, Knoten, Netze, Farben, Löcher, Punkte, Tiere oder jedes andere greifbare Ding.
Alle diese Zeichen können aus den Wolken herausgelesen werden, und zwar auf drei Arten: in Buchstaben und bekannten Charakteren; in Hieroglyphen oder Zeichen ...«
Kurz, der gute Jacques Gaffarel vergnügte sich damit, den Sternen die Form von hebräischen Buchstaben zu geben; man brauchte sie nur mehr zu Worten und zusammenhängenden Sätzen zusammenzufügen.
Diese empirische Methode ist uns heute zu unsicher, doch weist sie auf ein mögliches Experiment hin, das darin bestünde, die Bahn der leuchtenden Flugkörper am Himmel zu fotografieren. Diese Bahn könnte sich vielleicht als Zeichen oder sogar als Buchstabe herausstellen.

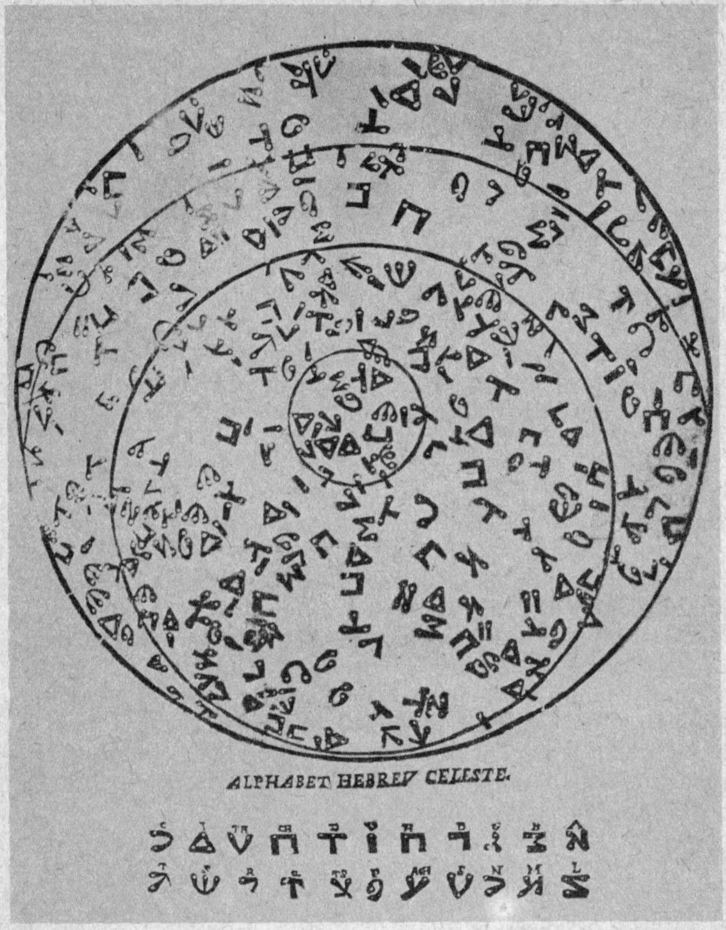

ALPHABET HEBREU CELESTE.

Dabei kann man nicht umhin, an die Zendsprache und das Sanskrit zu denken, die – wie die Überlieferungen sagen – von der unbekannten Sprache abgeleitet wurden, die unsere Ahnen von einem anderen Planeten gebracht haben – oder von der hebräischen Schrift, wenn sie wirklich von den »Engeln« inspiriert wurde.

Nostradamus und die Astralraketen

Nostradamus, der vielleicht hellseherische Fähigkeiten hatte, ahnte die Möglichkeit von Reisen im Weltall voraus, denn er verfaßte einen sibyllinischen Spruch in Form eines Vierzeilers, der den Voraussagen der amerikanischen Wahrsagerin Joan Dixon widerspricht. Nach Nostradamus wird eine »nächtliche Überraschung« die Russen daran hindern, den Planeten Mars zu erreichen. Aber er spielt auch auf die überraschende Landung eines Eroberers an, der an einem Tag der Sonnenfinsternis im Juli 1999 kommen und Angst und Bestürzung verbreiten wird. Diese Voraussage steht in der Zenturie X, Vierzeiler 72.

Leider ist der Text so verworren, daß daraus nicht hervorgeht, ob der Planet Mars mit uns Kontakt aufnehmen wird, bevor wir ihn erreicht haben, oder ob die Interplanetarreise nach der Ankunft des »großen Königs des Schreckens« stattfinden wird.

Das Geheimnis der kleinen grünen Männchen

Der geheimnisvolle M.N.Y., der mir eine interessante Dokumentation über die außerirdischen Wesen von Proxima Zentauri gesandt hat, der sich aber weigert, seine Identität preiszugeben, behauptet, daß die Geheimdienste der Großmächte von der »Existenz linsenförmiger Flugkörper, die gegenwärtig in mehreren Raumforschungszentren erprobt werden«, wissen.

M.N.Y. schlägt auch eine Erklärung für die kleinen grünen Männchen vor, die von Hunderten Personen beim Ein- oder Aussteigen aus einem Raumschiff beobachtet worden sein sollen.

»Die Abweichung der Lichtquellen einer Vaidorg (intergalaktisches Fahrzeug der Astronauten von Proxima Zentauri), die aus der Kontraktion heraustritt, um im expandierenden Universum zu erscheinen, wirkt sich auch auf die Astronauten aus, wenn sie aus dem Raumschiff steigen.

Das Phänomen kann mit jenem verglichen werden, das durch die Verzerrung in einem konkaven Spiegel entsteht . . . Dies geschieht, wenn man Wesen aus einem kontrahierenden Universum heraustreten sieht.

Da die Lichtstrahlen dann mehr als siebzigmal langsamer sind als der Ablauf der Ereignisse, registriert das Auge des Beobachters Bilder, die für die Betroffenen schon abgelaufen sind (sogenannter Distorsionseffekt).

In Wahrheit sind jene Wesen, die man kleine grüne Marsmenschen zu nennen gewöhnt ist, Bewohner des Planeten Baawi von Proxima Zentauri, die sehr gut gebaut und rund 2 bis $2^1/_2$ m groß sind.«
Es sei daran erinnert, daß M.N.Y. behauptet, mit diesen außerirdischen Wesen in Verbindung zu stehen. Die Erklärung, die er für die kleinen grünen Männchen gibt, ist bestechend, da sie anscheinend widersprüchliche Aussagen in Einklang bringt.

Gravitationssümpfe

Zum Thema »fliegende Untertassen« sei noch eine Theorie hinzugefügt, die 1793 vom französischen Mathematiker Lagrange aufgestellt wurde.
Lagrange hat errechnet, daß manche Punkte des interplanetaren Raums sehr wohl vom Standpunkt der universalen Anziehung den Wert Null darstellen können. An diesen Punkten – er nannte sie »Gravitationssümpfe« –, von denen es zwischen Erde und Mond fünf geben soll, würde sich die Anziehung der Erde und die ihres Satelliten so genau kompensieren, daß jeder Körper, der in diese Falle gerät, die statische Unbeweglichkeit eines solchen Gleichgewichts inmitten des universalen Mahlstroms fände.
Diese These wird von den modernen Wissenschaftlern abgelehnt, aber es ist nicht ausgeschlossen, daß es im Kosmos solche abgeschlossenen Universa gibt, die den Raumfahrern als Basen, Zufluchtsort oder Relaisstation dienen.

Kleine Männchen in Tibet

Wir leben in einer dramatischen Epoche, die jedoch alles in früheren Jahrhunderten Dagewesene an Phantastik bei weitem überbietet. Die Zeit ist gekommen, wo Dinge bekanntwerden, die die Menschen in Erstaunen setzen und ihren Glauben umstoßen werden.
Durch ein merkwürdiges Zusammentreffen – ist es wirklich ein Zufall? – werden die erstaunlichsten Entdeckungen in jenen beiden Ländern gemacht, in denen sich die Kulturen vor der Sintflut entfalteten: in Amerika und Ostasien.
Raumraketen in Tibet? Folgende, aus Japan stammende Information wurde von der deutschen Zeitschrift *Das vegetarische Universum* und der belgischen Zeitschrift *BUFOI* wiedergegeben:

Im Jahre 1965 hat ein chinesischer Archäologe, Professor Tsum-Um-Nui, in Peking einen Artikel mit dem Titel »Raumschiffe vor 12 000 Jahren« veröffentlicht.
Vor 25 Jahren haben Archäologen in den Höhlen von Bajan-Kara-Ula (sie liegen in der Gebirgsgegend zwischen Tibet und China) Schrifttafeln gefunden, flache runde Scheiben, die nach einem unbekannten Verfahren aus dem Granitfelsen geschnitten worden waren. Neben den Höhlen fand man exakt ausgerichtete Gräber.
Die Prähistoriker identifizierten die Skelette als zur Rasse der Dropas und der Khams gehörig, deren Vertreter ungefähr 1,30 m groß waren und mit keiner existierenden Menschengruppe verglichen werden können. Diese Rasse ist grundlegend von jener der Chinesen, Mongolen und Tibeter verschieden.
Alte chinesische Legenden sprechen von kleinen gelben, mageren Menschen, »die von den Wolken kamen« und auf Grund ihrer außergewöhnlichen Häßlichkeit – sie hatten auffallend große Köpfe auf spindeldürren Leibern – zunächst ausgestoßen und später von »Männern auf schnellen Pferden« (wahrscheinlich Mongolen) umgebracht wurden.
Die Analyse der Skelette von Bajan-Kara-Ula ergab ein Alter von 12 000 Jahren. Die ersten archäologischen Berichte sprachen von einer »ausgestorbenen Affenart«. Diese Behauptung erschien angesichts der Tatsache, daß die rätselhaften Wesen ihre Gräber gegraben und zahlreiche Gegenstände aus Stein hinterlassen hatten, so unwahrscheinlich, daß einer der Autoren des Berichts, der Archäologe Tschi-Pou-Tei, von der Presse heftig angegriffen wurde. Tschi-Pou-Tei zog sich aus der Affäre, indem er behauptete, die beschriebenen Scheiben hätten von kultivierten Wesen, die vor den Dropas lebten, in die Höhlen gebracht werden können.

Die Dropas landeten vor 12 000 Jahren

Im Jahre 1965 machte sich Professor Tsum-Um-Nui erneut an das Studium des Problems, und dabei gelangen ihm überraschende Entdeckungen. In den Höhlen von Bajan-Kara-Ula hatte man 716 steinerne Teller gefunden, die wie unsere Schallplatten ein Loch in der Mitte aufweisen. Von diesem Loch geht eine doppelte Rille aus, die spiralförmig zum Rand führt, was die Ähnlichkeit noch verstärkt. Die Prähistorische Akademie von Peking hat nach langwierigen Forschungsarbeiten das Geheimnis der Teller erhellen können, aber die Ereignisse waren so bedeutend, daß Professor Tsum-Um-Nui erst vor kurzem die Erlaubnis erhielt, einen summarischen Bericht zu veröffentlichen.

Es war eine geritzte Schrift, die das Abenteuer von Raumfahrern erzählte, das zu einer Zeit stattgefunden hat, in der es nach Meinung der klassischen Geschichtslehre unmöglich Raketen gegeben haben könnte.

Hier die von Professor Tsum-Um-Nui veröffentlichte Übersetzung:

»Die Dropas stiegen auf ihren Luftgleitern vom Himmel herab. Zehnmal bis zum Sonnenaufgang flüchteten Männer, Frauen und Kinder in die Höhlen. Endlich begriffen sie durch Zeichen, daß die Besucher vom Himmel friedliche Absichten hatten, und die Dropas konnten sich ihnen nähern . . .«

Andere Texte in geritzter Schrift, die den Khams zugeschrieben werden, geben eine Art Klage wieder, in der von »Luftschiffen, die im Verlauf einer Landung in feindlichen Gebirgen« zerstört wurden, die Rede war. Weiter, daß die Astronauten nicht in der Lage waren, neue zu bauen, da weder das notwendige Material noch die erforderlichen Straßen vorhanden waren.

Wenn die Scheiben sprechen werden

Doch die Botschaft der steinernen Teller beschränkt sich nicht auf diese Aussagen. Die chinesischen Wissenschaftler haben die wertvollen Funde abgekratzt und die dabei abgefallenen Partikeln untersucht. Sie enthielten einen bedeutenden Prozentsatz an Kobalt; wenn man die Scheiben am Schwingungsmesser untersuchte, lösten sie einen erstaunlichen Vibrationsrhythmus aus, als wären sie mit einer gewaltigen elektrischen Kraft geladen. Man denkt, daß ihre Umwandlung in noch unbekannte Wellen eine noch wertvollere Botschaft ergeben könnte als jene der geritzten Schrift. Schließlich unterstützt noch eine andere Entdeckung die These einer Interplanetarreise und rundet sozusagen das Problem ab: An den Wänden der Höhlen von Bajan-Kara-Ula hat man gravierte Zeichnungen gefunden, auf denen die aufgehende Sonne, der Mond und die Sterne mit einer Darstellung der Erde durch kleine Pünktchen verbunden sind und so den Weg zeigen, den die Astronauten vor 12 000 Jahren benützten. Doch das letzte Wort über dieses packende Geheimnis ist noch nicht gesprochen.

Die Volksrepublik China, die ihre gigantischen Pyramiden in

Schansi und die Dokumente aus den Klöstern von Lhasa geheimhält, versteckt aus politischen Gründen auch die »sprechenden« Steine der tibetischen Astronauten.

An unserem Himmel fliegen rätselhafte Objekte, auf unserer Erde stehen Monumente, deren Zweck wir nicht kennen, in unserem Boden sind Bauten verschüttet, die keiner bekannten Kultur zuzuordnen sind.
Überall stoßen wir auf Geheimnisse, die weder unsere Wissenschaft noch unsere Geschichte erklären können. Der Mensch findet sich aber damit nicht ab. Trotz des Widerstandes, des Schweigens und der Ablehnung jener, die den Schleier nicht gelüftet sehen wollen, versucht er in jene Bereiche einzubrechen, die die Natur nur stückweise preisgibt und durch die Zeit reifen läßt.

Ich danke meinen Freunden der T a f e l r u n d e , meinen Korrespondenten und allen jenen, die mir ihr Wissen und wertvolle Unterlagen zur Verfügung gestellt haben:
Jeannine Baussant, Michel Danguy, Roger Delorme, Jean-Albert Foëx, Jimmy Gieu, Guy Laclau, Michel Ponge-Helmer, Jean Roy, Michel Simkine und M. Stark.
Mein Dank gilt auch meiner treuen Mitarbeiterin Yvette Charroux und Catherine Krikorian für ihre photographische Dokumentation.